コツコツ続けて
しっかり増やす!

誰でもできる NISAの教科書

風呂内亜矢 著

ナツメ社

トトトン
トトトッ
にまにま
シュポッ
to 妻
今日は定時で帰ります

なんだよ幸せそうな顔しちゃって新婚はいいねえ
へへへ〜結婚式が終わってひと段落だよ
予算が足りなくて国内の新婚旅行だったけど楽しかったし
妻はかわいくてしっかり者でほんとに僕は毎日幸せで〜
家族でアットホームなステキなお式
はいはい

とはいえ子どもができると大変だぞ〜
養育費に保険料
家を買ったら住宅ローン
老後の貯蓄も必要だし
そりゃお金のこともちろん考えてるよ!

うちは妻も仕事してるしすでにいくらか貯金はしてるんだけど…
毎月貯蓄
10000
資産運用を考えてるんだ！
増税キツイし！
へえ…資産運用か具体的には？
NISAのナントカ投資枠って聞いたことある？
ああ
初心者でも始めやすい投資？株だっけ？
詳しいところは僕も知らない！
ワッ
知らないいんだ…
でもとにかく今や銀行に預けてるだけじゃお金は増えない！
だから何だかよさそうなNISAを始めようと！
この低金利時代にお宝をさがすんだ!!
それちょっと違うんじゃない？
NISAをお考えなんですか？

突然すみません！

私はファイナンシャルプランナーの新山（にいやま）と申します！

ファイナンシャルプランナー…ということは

※2024年から「一般NISA」と「つみたてNISA」が合体したような「新しいNISA（成長投資枠、つみたて投資枠）」が始まります。

もし変化に対応できる家計を目指すなら資産運用は有効な方法といえます
今までのNISA
一般
つみたてNISA
2024年からの新しいNISA
パワーアップ!!
その中でも特にNISAは2024年から大幅にパワーアップするため大注目されています

やっぱり注目されてるんだ!
そうですねではざっくりと説明します
NISA 2014年 スタート
つみたてNISA 2018年 スタート
新しいNISA 2024年 スタート!!
NISAとは2014年から始まった投資への利益を非課税にする制度のことです

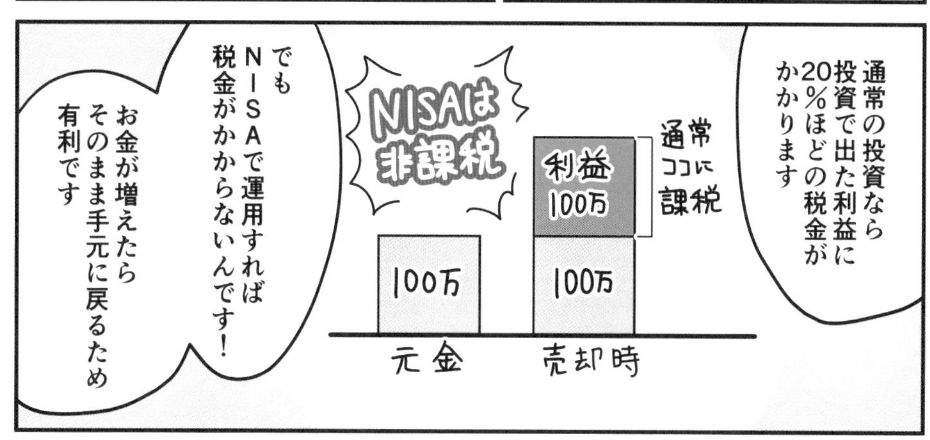
通常の投資なら投資で出た利益に20%ほどの税金がかかります
NISAは非課税
利益100万
通常ココに課税
100万
100万
元金
売却時
でもNISAで運用すれば税金がかからないんです!
お金が増えたらそのまま手元に戻るため有利です

税金がかからないんだ！
はい！
しかも2024年からのNISAは口座を開いたり投資を行うことが無期限に
一度投資した資金を運用しつづけられる期間も無期限になります年間の投資可能額も360万円と大幅にアップします
年間投資上限額
一般 120万 or つみたて 40万 → 2024年～ 360万
非課税期間
5年 or 20年 → 無期限
えええー！
無期限非課税!?すごいですね!!
かなり自由度が高くなりますよね！
しかもNISAは自由に売却や引き出しができます！
NISA運用資金
売却
引き出し
そうなんだ！
これからの人生まとまったお金が必要な場面も当然ありますものね
そうなんですよ～

妻とも常々
子どもができた時
慌てないように
貯蓄しておこうって
話しているんで…

隙あらば
ノロケますね…

…でも
投資って
長期間続けた方が
いいって聞きます
けど…

今から始める
なんて
遅すぎない
でしょうか

むしろ
今こそ始めて
ください!!

新しいNISAが
始まることで
うんと使いやすく
なるんです!

初心者の方にとって
絶好のタイミング
ですよ!

投資ということで
リスクはありますが
積立投資で取り組めば
ドルコスト平均法が
適用されます
ドル
コスト?
ドルコスト平均法は
変動する金融商品を
一定金額で時間をかけて
分散して買っていく方法で
リスクが軽減されます
まあ
このへんは
知識として
覚えて
おいて下さい

いくらから投資できるんですか？
そうですね…金融機関によっても異なりますがそれこそ100円から始められるところもありますよ！
ただ投資である以上ある程度資金を貯めてから始めることをお勧めします
すでに預貯金がおありのようなのですぐ始めることも出来ますよ！
そうなんですか！
正直まだまだわからないことだらけだけどますます興味が湧いてきた！
もう少し詳しい話を聞いてもいいですか？
もちろんです！
はい！投資は無理せず少しずつ始めるのが吉ですから
ポイントでも投資できます！
P

NISAのような制度は
みなさん
名前は聞いたことが
あっても
難しいと敬遠されることが
多いです
税金
資産
投資
でも
せっかくの
制度です！
うまく
活用して
より良い資産形成を
していきましょう！

ありがとう
新山さん！
僕
頑張って
やってみます！
NISA！
その意気です！
あのー…

そろそろ
昼休み終わるぞ
えっ
ヤバイ！
それじゃ
失礼します!!
はい！
今は
お仕事頑張って
きてくださいねー！
始める
タイミングは
人それぞれ！
NISA
チェックリストで
確認してみて
くださいね

NISA チェックリスト

チェックがついたマークの数を数えて、マークが多いプランに進む。

Q. 現在の貯蓄額は？

□ 100万円未満（生活費の3～6ヶ月分未満）

□ 500万円未満

□ 800万円未満

□ 1,000万円未満

□ 1,000万円以上

Q. 現在の年齢は？

□ なし
20～30代

□ なし
40代前半

□ 40代後半～60代前半

□ なし
60代後半以上

Q. 投資は好きだと思う？

□ 🌱
できれば手間を
かけたくない

□ 🌱🌱
本当は投資は
怖くてやりたくない

□ ✿
手間をかけたり
こだわったりしたい
くらい好き

Q. 所得税率は高い？

□ ✿✿✿✿✿
高い
(年収700万円、所得税率
20%以上など)

□ ✿
高くない、
普通

Q. フリーランスである

□ ✿
はい
(P112も参照)

□ なし
いいえ

診断結果のポイントは？

現在の貯蓄とiDeCoとの関係

チェックリストでは、既に蓄えられている貯蓄額を第一段階の目安として、投資への意欲、こだわってみたい気持ちなどを元に、5つのケースに分かれるように判定してみました。
また、基本は新しいNISAのみでも十分ですが、iDeCoの併用との相性も診断しています。

タネプランだった方は…

新しいNISAは初めて投資を検討する人にとって最有力候補となる制度です。ただ、預貯金とは違い、売却したり引き出したりするタイミングによっては損失がでることもあります。

生活費の3〜6ヶ月分くらいの貯蓄ができるまでは、無理して投資をするより、確実な貯蓄習慣を身につけることを優先しましょう。どうしても投資が気になる人は、少額投資やポイントによる投資を検討してみても良いかもしれません。

具体的な投資方法は
P.158〜へ

ふたばプランだった方は…

ある程度の貯蓄はあるものの、まだ預貯金が500万円には到達していないあなたは、投資をするか、しないか、迷っても大丈夫です。それでも投資に挑戦したい気持ちが強いなら、あまり悩まずに済む全世界株式投資信託などの商品選定がお勧めです。

手間をかけずに効果的な分散投資をしたい人にも良いプランになるでしょう。

具体的な投資方法は
P.160〜へ

開花プランだった方は…

お金に対する取り組みがしっかりできていて、預貯金もまとまった金額があるあなたは、少し自分のこだわりの資産配分を考えてみても良いかもしれません。

預貯金のうち、一定の割合を、自分好みに配合した金融商品で保有することを考えてみてはいかがでしょうか。

他のプランになった人もこだわりたい時には開花プランの併用も検討できそうです。

具体的な投資方法は
P.162～へ

満開orふたばダッシュプランだった方は…

iDeCoを積極的に考えるのがこのプラン。ただし、大きく背景の違う2パターンが該当します。1つはお金にゆとりがあるからiDeCoを考える満開プラン。もう1つは投資がどうしても怖い人のためのふたばダッシュプランです。

満開プランは有利な枠を少しでも多く使うためにiDeCo優先で運用しましょう。ふたばダッシュプランは強制貯蓄としてのiDeCoを考えます。

具体的な投資方法は
P.164～へ

絶景プランだった方は…

既にある程度の蓄えがあり、投資の余力もかなりあるあなたは、新しいNISAと、iDeCoの併用を積極的に検討してみると良さそうです。より多くの運用を非課税にしたり、よりセカンドライフにコミットする投資方法を検討することとも相性が良いでしょう。

iDeCoは受給時は課税対象なので勤務先の退職金が多い場合は、受け取り方法もよく考えて実施を。

具体的な投資方法は
P.166～へ

CONTENTS

本書は『コツコツ続けてしっかり増やす！　つみたてNISAの教科書』をリニューアルし、NISAの最新情報を掲載しました。

CONTENTS

CHAPTER 03

NISAってどんな制度？

CONTENTS

CHAPTER 04

NISAの始め方

CONTENTS

CHAPTER 05 タイプ別運用方法

私たちの老後は大丈夫？

ＮＩＳＡを
始めると決めたものの
実際
何からやれば
いいのかなあ…
う〜ん

そうですよね
わからないこと
だらけですよね
ぬっ
わっ！

具体的に進める前に
これからの人生に
必要なお金を今一度
考えてみませんか
ええ〜
そこからですか

ＮＩＳＡでは
長い年月を味方にすると
有利とされています
無期限で
非課税
途中で引き出すことも
できますが
老後の備えにしたいと
考える方は多いです
確かに…

老後ということは年金とも関わってきます
花田さんは現在の年金制度はどういう状態かご存知ですか？
まさにそこなんです！
こういう図よく見る
よく聞くのは少子高齢化で高齢者を支える現役世代の割合が減ってるとかなんとか…
僕らの老後も大丈夫なのか心配になりますね
近年のデータを見る限り少子高齢化はますます進み
残念ながら年金だけを頼りに生活するのは難しいと言えます
老後にもらえるお金は
国民年金などからくる【公的年金】
国
勤務先によっては準備されている【企業年金】
会社
個人の貯蓄や個人年金保険などの【自らの備え】
個人
このように考えてみてください

年金って
いくらくらい
もらえるんですか
ざっくりと
国民年金だと
月５万円
厚生年金だと
月10万円程度
もらえる
計算です
くわしくは
ねんきんネットで
わかります

そんなもんか〜
やっぱり
そんなに期待
できないですね

年を取ったら
医療費なんかも
かかるだろうしな〜
他にもどんな
費用がかかるか…
銀行
薬
貯蓄や退職金と
併せて
老後にかかるお金
もらえるお金を
洗い出すと
わかりやすいですね
書き出して
みましょう

う〜〜ん
生活費に
医療費……
その他雑費……

夫婦共働きだし
老後に２人で
過ごす分には
なんとか
なりそうだけど
貯蓄を
うまくつかえば
いい感じ
ですね！
概算 支出
26万円
くらい…

そこで
考えていきたいのが
【自らの備え】です！

【自らの備え】を
積極的にするかどうかで
老後のライフプランに
影響が出てきます

NISAなど
自らの備え 4万円
企業年金2万円
公的年金 20万円
貯蓄
自らの備え 1～5万円
実支出26万として

NISAや
iDeCoのような制度は
この【自らの備え】を
助けてくれます

公的年金、みんないくらもらえている？

平均だけではなく分布もみてみよう

●働き方や収入で変わる受給額

年金について不安を感じる理由として「状況がよくわからないから」という点が挙げられます。今の受給者はどのくらいもらえているのか、どういう計算で受給額が決まるのか、大体でもいいので把握しておくと、自分の人生のお金の見通しがつきやすくなります。

今現在、年金を受給する権利がある人が、どのくらいの金額を受け取ることができるのか、グラフにしてみました。会社員など厚生年金に加入していた人は月約14・4万円、自営業など国民年金に加入していた人は月約5・6万円が平均です。

平均だけではなく割合の分布を見ることで、さらに状況がよく理解できます。厚生年金の場合、月10～20万円が多くを占めていることがわかります。性別で分けると男性は月15～20万円、女性は5～10万円や10～15万円がボリュームゾーンです。振れ幅が大きいため、自分はいくらもらえるか、数字をチェックしてみる必要がありそうですね。

●有期の備えと無期限の備え

公的年金には「生きている間受け取り続けることができる」という特徴があります。

自分でできる備えの場合、通常は準備できた分だけ使い切ったらそこで終わります。仮に1000万円を準備していたとしても、毎月10万円を切り崩すと8年4ヶ月で使い切ってしまいます。

しかし、毎月10万円でも公的年金の受給額だった場合、10年でも（1200万円の受給）、20年でも（2400万円の受給）、生きている限り受け取り続けることができます。性格が違う備えだと理解して味方にできると今後の算段がしやすくなります。

公的年金受給権者の月額分布

厚生年金

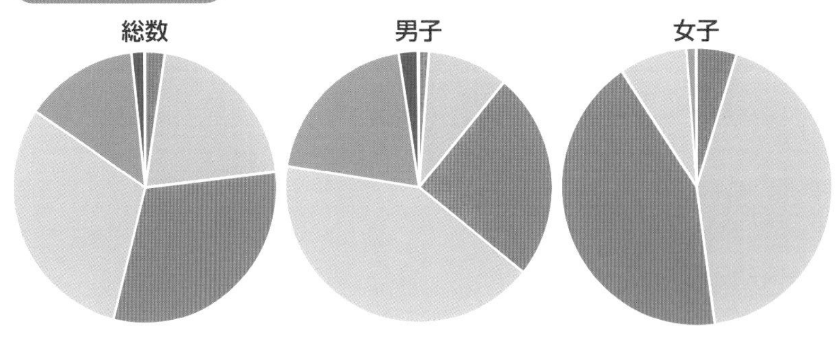

■～5　■5～10　■10～15　■15～20　■20～25　■25～30　■30～

平均月額	平均月額	平均月額
143,965万円	163,380万円	104,686万円

国民年金

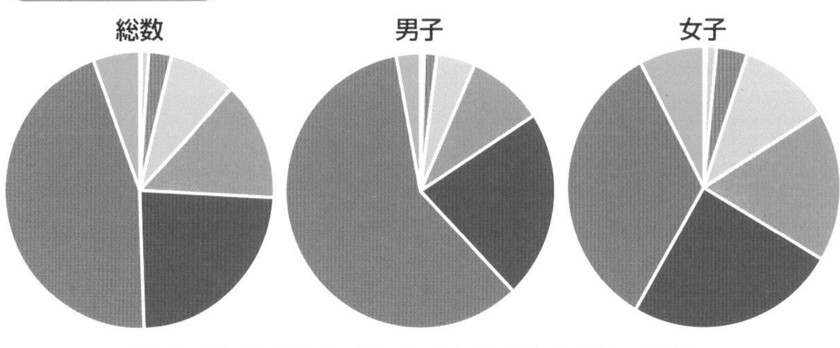

■～1　■1～2　■2～3　■3～4　■4～5　■5～6　■6～7　■7～

平均月額	平均月額	平均月額
56,368万円	59,013万円	54,346万円

（出典）厚生労働省年金局「令和3年度厚生年金・国民年金事業の概況」よりグラフ化

特に厚生年金では金額の
振れ幅が大きいことがわかります

国民年金は月5万円、厚生年金は月10万円

結局いくらもらえる? 超ざっくりの目安なら

●公的年金の概算方法

自分がいくらの老齢年金を受給できるのかは、ざっくりと次のように計算することができます。

・自営業などの国民年金による老齢基礎年金(年額):
80万円 ×国民年金加入年数/40年

・会社員などの厚生年金による老齢厚生年金(年額):
2万円 ×厚生年金加入年数 +
生涯平均年収 ×厚生年金加入年数 ×0・0055

老齢基礎年金は収入に関わらず40年加入すると約80万円受給できますが、加入期間が短くなると受給額も少なくなります。老齢厚生年金は定額部分と収入に応じた報酬比例部分に分かれます。定額部分(2万円 ×加入年数)は老齢基礎年金の金額とほぼ同額になりますが、報酬比例部分は収入の影響を受けます。ものすごく大雑把に考えるなら「国民年金は月5万円、厚生年金は月10万円」を目安にしても良いかもしれません。

夫婦ともに会社勤めなら2人で約20万円、夫婦ともに自営業なら2人で約10万円、どちらかが会社員でもう片方が扶養に入っているか、自営業ならば2人で約15万円といった具合です。

●ねんきんネットで将来の試算も

実際は収入や加入期間等の影響を受けるため、月5万円や10万円は、もちろん大雑把な捉え方になります。

正確な数字を把握するには「ねんきんネット」を活用しましょう。納付実績の他、今と同じ働き方を続ける場合、独立して自営業になる場合など、条件を変えて未来の年金受給額の目安を計算することもできます。

ユーザー登録などの必要がなく簡易的に計算できる「公的年金シミュレーター」も厚生労働省が提供しています。すぐ試算してみたい人におすすめです。

自分の年金額を知ろう

受給額の概算

※令和5年度

国民年金加入者（自営業者など）

80万円 × 加入年数／40年

厚生年金加入者（会社員など）

（2万円 × 加入年数）
＋
（年収 × 加入年数 × 0.0055）

超ざっくり概算

国民年金 ＝ 月5万円

厚生年金 ＝ 月10万円

（例）
夫婦で
月15万円

夫（会社員）10万円
妻（第3号被保険者・国民年金と同等）5万円

まずは自分の受給額を
確認してみることが大切です！

公的年金は長生きへの保険

〈生きている限り受給できる強み〉

●公的年金は損得で考えてはいけない

公的年金の話題では、支払った保険料分受け取れるかに焦点が当たることが多いのですが、実際には「公的年金は保険である」ことを理解する必要があります。

実際、公的年金は「賦課方式」で運用されていて、自分が積み立てたお金を自分が使っていく「積立方式」ではありません。「賦課方式」ではみんなで保険料としてお金を準備し、その時対象となる人に給付を行います。

限られた財源の中で多くの人が一定以上の安心を得ることを考えると、払った金額をすべて払い戻すという積立方式だと難しいケースが出てきます。自分が積み立てることができた金額が給付の上限となってしまうと、生きている間に資金が尽きることもあるからです。

Ｐ24でもお伝えしましたが、公的年金は無期限の備え。期限のある備えとは違うのです。

●自分が何歳まで生きるかはわからない

自分の命が70歳までなのか120歳までなのかは、事前にはわかりません。しかし、公的年金は生きている間はいつまででも受け取ることができます。この「一生もらい続けることができる仕組み」は公的年金の非常に頼もしく、忘れてはいけない特徴です。

自分が70歳で亡くなってしまうと、もしかすると、かけた保険料より受給額は少なくなるかもしれません。しかし、120歳まで受給した場合、通常、払った保険料より多く受け取ることになります。

自分の寿命が読めない限り、ちょうど使い切る、あるいは使い切れないほどの資産を自力で築くのは、現実的ではありません。ある程度は自分で蓄えつつ、最低限の金額は「生涯もらえる長生きの保険（＝公的年金）」で補填をすると考えると、将来に備えやすくなります。

公的年金は長生きへの保険

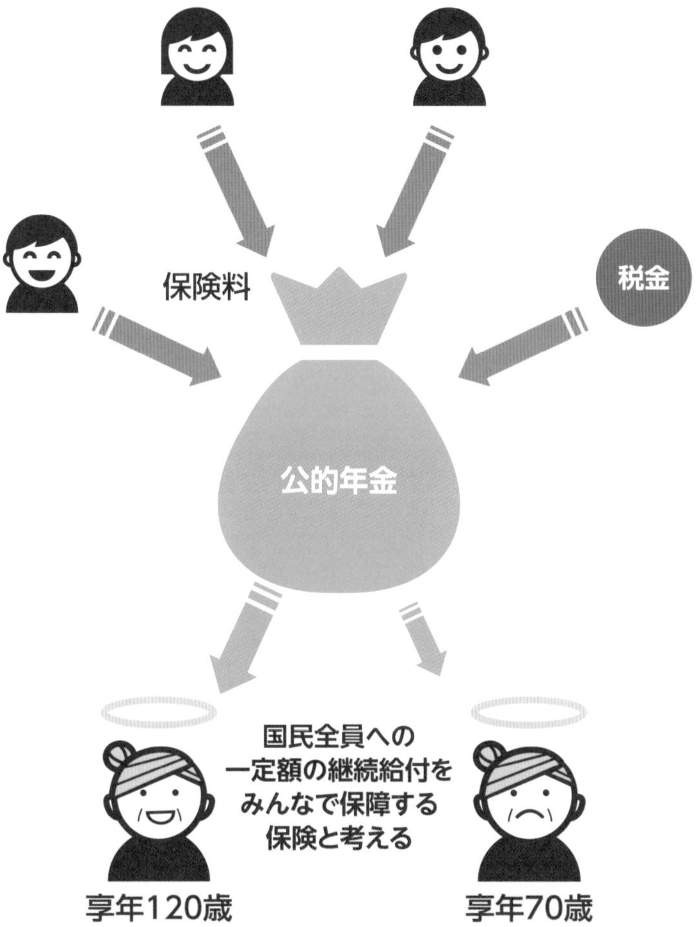

保険料

税金

公的年金

国民全員への
一定額の継続給付を
みんなで保障する
保険と考える

享年120歳

享年70歳

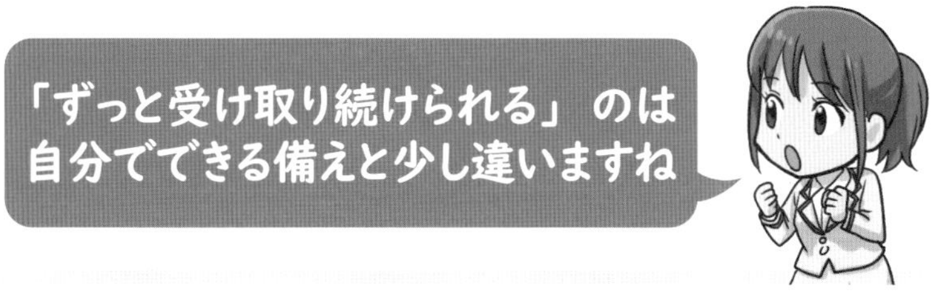

「ずっと受け取り続けられる」のは
自分でできる備えと少し違いますね

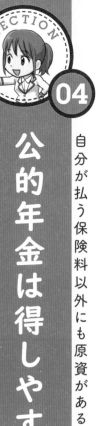

公的年金は得しやすい

〈自分が払う保険料以外にも原資がある〉

●「障害年金」と「遺族年金」も含まれる

公的年金というと、65歳以降で受け取る「老齢年金」のイメージが強いですが、実は障害の状態になった場合は「障害年金」が、家族を遺して亡くなった場合は「遺族年金」が支給されます。「老齢年金」の受給額だけに注目すると足りないと感じてしまうかもしれませんが、他の事象に対する保障も含まれていると考えると、納得できる部分もあるのではないでしょうか。

公的年金は国からの税金でも補填されています。また、会社勤めの場合、自身で支払う保険料の同額を勤務先も支払っています。つまり、自分が負担する保険料に対し、受けられる保障内容は手厚くなっています。

●10年くらい受給すると支払額を上回る

所定の障害状態になった時や死亡時の保障があることを考えると、支払保険料と老齢年金の受給額だけを比較するのはフェアではありませんが、あえて計算してみましょう。

例えば国民年金に加入する人が受給できる老齢基礎年金は、２０２３年度の満額で年間約80万円です。国民年金保険料（２０２３年度は月額１・６万円）を40年間支払った場合の受給額です。40年間で支払う保険料の総額は約７９３万円なので、約10年受給すると、以降は支払う保険料よりも多く受給することになります。

額面月収20万円の会社員の人が支払う厚生年金保険料は月約１・８万円（２０２３年度）。22歳から60歳までの38年支払い、学生時代の2年間は国民年金保険料を支払っていた場合、保険料の総額は約８７４万円になります。このケースで受給できる老齢年金は年間約１３０万円のため、７年弱受給すれば、以降は支払った保険料より多く受け取ることになります。

支払った保険料より受給額が多くなる可能性

国民年金保険

払 月16,520円（2023年度）× 40年 ＝ 約793万円

受 年金受給額　年約80万円

793万円 ÷ 80万円 ＝ 約10年

10年以上受給すると払った以上を受け取ることに

厚生年金保険（生涯平均月収20万円）

払 月18,300円 × 38年

＋ 国民年金2年 ＝ 約874万円

受 年金受給額　年約130万円

874万円 ÷ 130万円 ＝ 約6.7年

7年以上受給すると払った以上を受け取ることに

加えて **障害年金** や **遺族年金** の保障もある

税金や会社負担の保険料もあり
払った以上に受け取れるケースも
多いです

2000万円不足問題はなんだったのか

●月5万円の赤字が30年間で2000万円

2019年に金融庁の金融審議会市場ワーキング・グループが作成したレポートが注目を集めました。セカンドライフに向けて知っておくべき内容が網羅的にまとめられていましたが、注目を集めたのは、「老後資金が2000万円不足する」という可能性の示唆でした。

現在の高齢夫婦無職世帯の収入と支出の差額が、ひと月約5.5万円の赤字。これが30年間続くと約2000万円の蓄えが必要という指摘です。

同レポートでは65歳時点の平均金融資産額は2000万円を超えていることにも触れられていました。

十分に資産があるからこそ、貯蓄から補填し、月の収入より多めにお金を使っていたケースも内包されていると考えられます。現実の生活では資産がなければ赤字のままにせず、節約することもありますね。

●必要な金額は人によって異なる

セカンドライフ対策として、いくら必要なのかは人により異なります。収入と支出が同じでも資産の多寡や頼れる親族の存在などでも状況は異なります。複数の諸条件で、お金が尽きるタイミングは変わるのです。

広く一般に伝えるためには平均値を用いざるを得ないですが、私たちは「我が家のケース」だとどのくらい必要なのかを、計算してみる必要があります。

仮に22歳から65歳まで働くと仮定すると43年間。その後、100歳まで生きるとすると35年間。

働き蓄財できる期間と、積み上げた資産を切り崩す期間があまり変わらないため、今の収入すべてを、今使ってしまうことは良い選択ではなさそうです。長く働くことも含め、複数の対策を組み合わせ、うまく乗り切るためのバランスを探すことが大切です。

高齢夫婦無職世帯の収入・支出

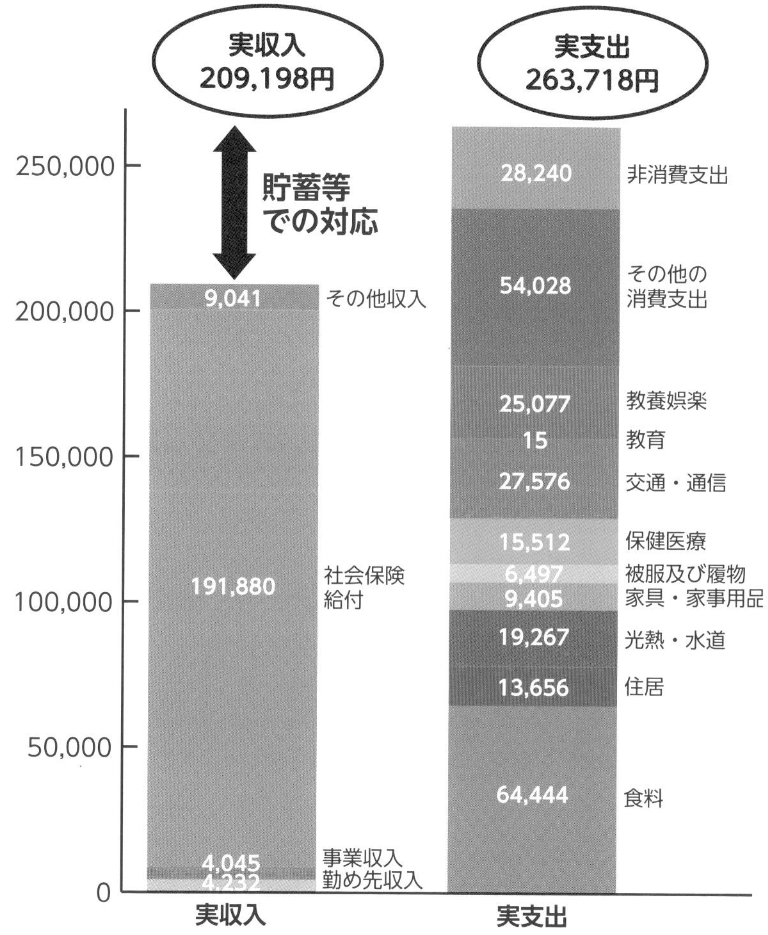

（出典）厚生労働省提出資料「第21回金融審議会市場ワーキング・グループ」より作成

概算はあくまで概算。我が家のライフプランに合った貯蓄金額を確認しましょう！

いつ「お金が尽きるか」に注目

65歳までに貯めるお金は重要ではない

●貯蓄残高推移を整理してみる

2000万円不足問題など、セカンドライフのための備えに「いくら貯めておくか」と話題になることは多いでしょう。しかし、60歳や65歳までに「いくら貯めるか」という目標がすべてではありません。

退職までに貯められる金額や、そもそも何歳に退職するのか、毎月いくら生活費を使いたいのか、といった要素の掛け合わせで、「一体いつお金が尽きるのか」という貯蓄残高推移を整理してみることがお勧めです。

●プラスとマイナスを整理する

貯蓄残高推移は、お金のプラスとマイナスを整理した「貯蓄残高推移シート」で確認します。

プラスは、既に加入している個人年金保険や確定拠出年金、貯蓄や投資のこれまでのペースを確認して、65歳時点で準備できそうな金額を洗い出します。

P26でご紹介した「ねんきんネット」も使って、受給できる予定の公的年金額も確認しましょう。勤務先に退職金制度がある場合は、退職金の計算ルールも確認すると良いですね。既に行っている備えを中心に確認していきます。

マイナスは、住宅ローンを組んでいる人は65歳時点での残高や必要と考えられる生活費を整理します。

生活費は現役時代の7割程度とされることが多いです。例えば、家族で月40万円使っている家庭だと、セカンドライフは月28万円程度と概算するイメージです。

もう少し丁寧にチェックできるなら、銀行通帳とクレジットカード明細を眺めながら、教育費はかからなくなるかな?住宅ローンはなくなるかな?医療費や交際費は増えるかな?などと整理します。貯蓄は何歳までもちそうか、計算してみてください。

貯蓄残高推移シート

保険会社に確認

過去の年間平均貯蓄額を出してみる
（現在の貯蓄額÷勤続年数）

会社の総務部や
就業規則を確認

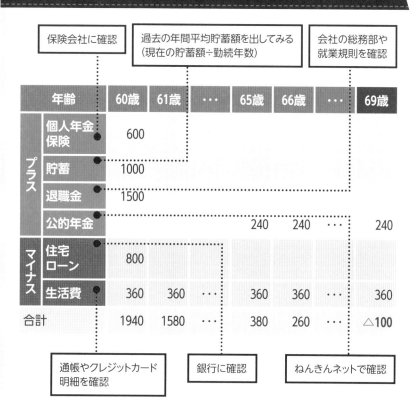

	年齢	60歳	61歳	・・・	65歳	66歳	・・・	69歳
プラス	個人年金保険	600						
	貯蓄	1000						
	退職金	1500						
	公的年金				240	240	・・・	240
マイナス	住宅ローン	800						
	生活費	360	360	・・・	360	360	・・・	360
合計		1940	1580	・・・	380	260	・・・	△100

通帳やクレジットカード
明細を確認

銀行に確認

ねんきんネットで確認

今ある情報を整理して、
将来の予測をしましょう

老後資金は複数の方法で対策

稼ぐ、節約する、運用する

家計を改善する方法には大きく3つあり、1つ目は稼ぎを増やすこと、2つ目は支出を減らすこと（節約）、3つ目は資産を運用することがあげられます。

稼ぎを増やす方法は年収を上げることだけではなく、稼ぐ期間を延長することでも人生全体での累積の収入を増やせます。同様に節約も、猛烈な節約を単月や単年で行うだけではなく、ゆるく長い節約を続けることでも累積の効果は大きくなります。

資産の運用、なかでも投資については、必ずしも額面を増やすことに貢献するとは限りません。しかし、100万円を元本確保型の商品で持ち続けていたとしても、物価や景気の変動で、相対的に価値が変わることはあります。

そうした間接的な資産の目減りに対抗する手段の1つとして、投資を検討する価値があり、新しいNISAはこの運用の部分の助けになります。

● 貯蓄残高推移シートは何枚も書く

お金のプラスとマイナスを整理して作成する貯蓄残高推移シートは1枚だけ書くのではなく、条件を変えた組み合わせを何枚も書くのがおすすめです。収入や家族構成、お金の使い方が変わった時にも都度書き直して、自分の立ち位置をいろんな角度から繰り返し確認するためのツールとして利用します。正解の完璧なシートを1枚作成することが目的ではありません。

仮に前項で作成した貯蓄残高推移シートから、あと5年長く緩やかに働き、毎月あと2万円使うお金を減らす組み合わせで数字を整理してみます。

この2つのアクションだけで、お金が尽きる瞬間を69歳から94歳と25年、延ばすことができます。

● できることを少しずつ

前のページから2点だけ改良したシート

自分だったら何歳まで働けるかな？

	年齢	60歳	61歳	・・・	65歳	66歳	・・・	94歳
プラス	個人年金保険	600						
	貯蓄	1000						
	退職金	1500						
	公的年金				240	240	・・・	240
	給与	200	200	・・・				
マイナス	住宅ローン	800						
	生活費	300	300	・・・	300	300	・・・	300
合計		2200	2100	・・・	1740	1680	・・・	0

どのくらいの節約なら無理がないかな？

何パターンも書いてみて目指せる、目指したいものを探る

いろいろな対策を組み合わせて無理のないバランスを探しましょう

足りない資金を投資で稼ごうとしない

〈利益は約束されていない〉

●資産運用は保有の形を考えること

資産運用＝投資であるというイメージがあるかもしれません。実際には投資だけではなく預貯金も含め、資産の保有方法を検討・管理すること全体を指します。

稼ぎ、節約し、適切な形で資産を保有する、この3つで家計を守っていきます。

資産運用のうち、投資に求めることは資産の価値を維持することであると前項でご紹介しました。投資で「必ずお金が増える」とは言えません。

そのため、セカンドライフ資金の不足を投資で補填しようと考えることは適切ではありません。しかし、投資を検討することで、適切な資産の保有方法や、稼ぎを増やすこと、節約することなど、3要素すべてに興味が高まり、セカンドライフに対する不安が軽減されるケースは多いです。

●お試しもしやすい環境に

最近では100円から購入できる投資信託や、ポイントを使った投資なども可能になる環境が整ってきました。少額の投資で大きな資産を築くことは現実的ではありませんが、まず「大失敗をしない」ということは大切です。

高額の投資で大失敗をしてしまうと、もう投資はこりごりだと思ってしまう人は多いです。大きな失敗はせずに、長く自然体で続けられると良いですね。

長く働くことで人生の累積の収入額を増やすことや、緩く続けられる節約でトータルの削減額を大きくすることと考え方は同じです。

投資においても、大金を一気に投下して一攫千金を狙うのではなく、自分が投資をしていることを忘れるくらいの感覚で付き合えるものを選び継続した結果、まとまった成果を目指すのが理想的です。

運用成績をあてにしない

2000万円貯めたい

現在30歳
月5、6万円の貯蓄は無理…

長く働いたり、節約したりすることと併用して投資も…

資産の価値を維持する方法の1つとして投資を検討

年利2%で運用できたら月4.1万円で達成できるな…

約束されるものでないためこのように考えてはいけない

投資は資産の持ち方の1つの形と考えましょう！

「年利○％運用できたら」の落とし穴

単純な複利にはならないのでご注意を

●毎月1万円、年利5％で800万円超？

投資について情報を集めている時に普通預金などと比較して、「年利○％で運用できた場合、最終的に○万円になります」という試算を目にすることがあるかもしれません。

例えば、毎月1万円の積立を30年間続けると、普通預金（金利0・001％）では約360万円になりますが、年利5％で運用できた場合は約832万円になります。年利5％で運用することが圧倒的に有利に見えますが、これはフェアな比較とはいえません。

預貯金の年利0・001％は約束されたものですが、投資の年利は約束されたものではないからです。

●株式などでは単純な複利にはならない

株式や投資信託などの金融商品による利益は、年間で＋10％の利益が出ることもあれば、-5％の損失になることもあり、「過去の累計でみれば年利換算+5％」といった商品が存在するわけです。

年利○％（複利）は、本来は約束された利息が付与され、翌年には元本＋利息にさらに利息がつく形式で資産が増えていく時に用いられる目安です。

年によってプラスが出たりマイナスが出たりする金融商品においては単純な「複利」にはなりません。加えて、過去の実績としてはそうだったとしても、今後の利率を保証するものでもありません。

投資を続けると、今年得られた利益も、来年以降の投資の元本に回り、間接的に「複利的」な効果を得ることは期待できます。しかし、預貯金などの純粋な複利計算で年利表記できる商品と、過去のデータから年利○％「相当」とされる商品は年利の意味合いが違うということは知っておきたいですね。

単利と複利

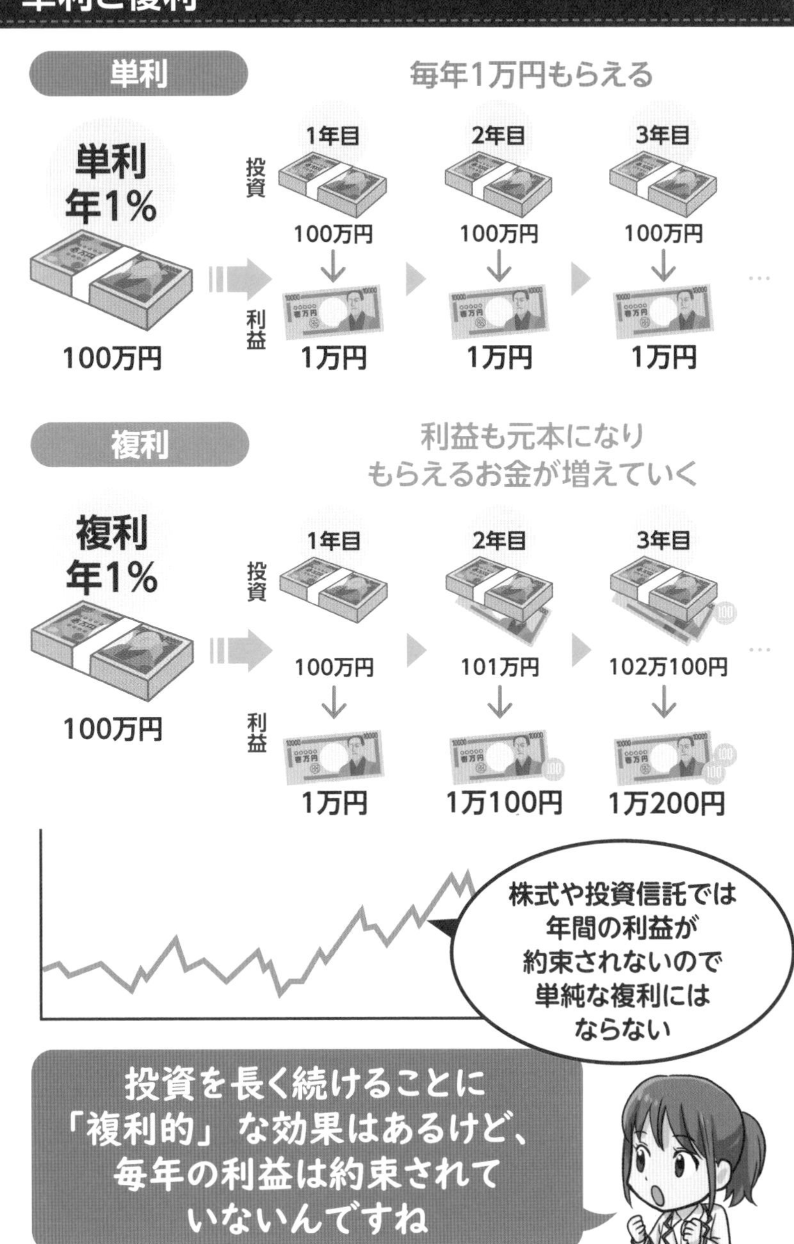
単利
毎年1万円もらえる
単利
年1%
100万円
1年目
2年目
3年目
投資
100万円
100万円
100万円
利益
1万円
1万円
1万円
複利
利益も元本になり
もらえるお金が増えていく
複利
年1%
100万円
1年目
2年目
3年目
投資
100万円
101万円
102万100円
利益
1万円
1万100円
1万200円
株式や投資信託では
年間の利益が
約束されないので
単純な複利には
ならない
投資を長く続けることに
「複利的」な効果はあるけど、
毎年の利益は約束されて
いないんですね

日経平均を月3千円買い続けていたら

〜過去の実績だが、たしかに魅力的〜

●23年半で資産が約2・4倍に？

投資信託などでは年利を確定させた純粋な複利にはなりませんが、「成長を期待している先にリスクをとって投資する」という前提があります。なので、資産は預貯金で資産を保有するよりも投資する方が増える可能性が期待できます。

日経平均のデータが入手できる2000年1月からの数字で比較してみます。毎月3000円、23年半お金を積み立てると84・6万円になります。同じ期間、日経平均を毎月3000円分購入できたとすると、2023年6月時点での評価額は約200万円となり、預貯金の2・4倍程度に増える計算になります。

あくまで過去の実績で計算した結果なので、未来はまた違った動きをすると考えられますが、期待する先に長期で投資をすることの効果がうかがえます。

●282ヶ月中107ヶ月が元本割れ

2000年1月〜2023年6月までの282ヶ月の積立期間のうち、107ヶ月が元本割れをしています。この時期に積立投資をしていた人にとっては気がかりな期間になっていたでしょう。一方で、新型コロナで株価が下がった2020年3月頃では元本が割れていないことがわかります。なお、2019年1月から同じ条件で積立投資を開始した人の場合は、同じ2023年3月頃の元本は割れていた計算になります。

もちろん、右肩下がりになっていく先に投資をしてしまうとこうはいきませんが、期待している先に投資をしても短期だとマイナスになることはあります。そして中長期でみるとプラスが期待できることは多いです。

期待している先に息の長い投資を行うことが、オーソドックスな投資スタイルだと考えられます。

日経平均を23年半買い続けるシミュレーション

〈仮に日経平均を購入できた場合の試算〉

元本が割れている期間もあるが、
長期で見ると増える期待も。

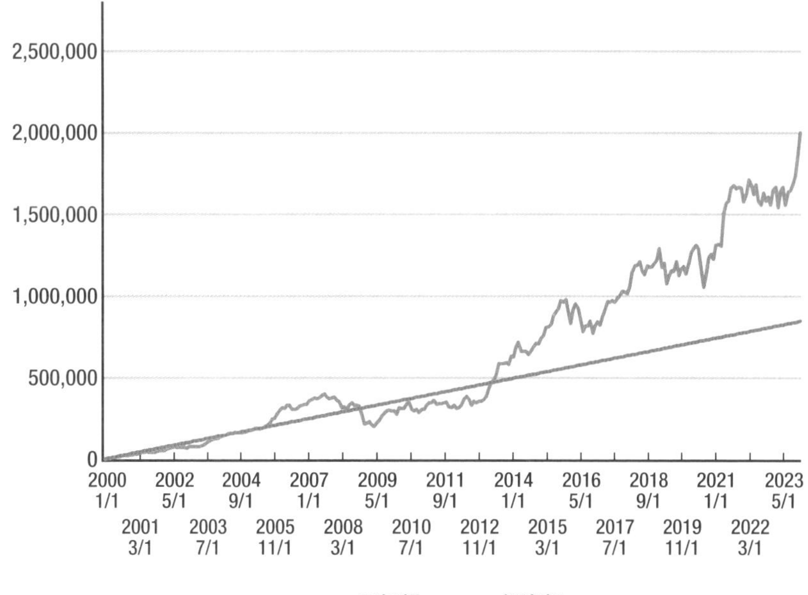

売買のタイミングで
損益は異なります！　長く待てれば
好機もありそうですね！

金融商品の得意・不得意

性格を知ると選びやすくなる

●使う、守る、増やす

金融商品の特徴は、使う（流動性）、守る（安全性）、増やす（利殖性）という3つの性格に着目すると比較しやすくなります。

流動性とは、すぐに使える状態にできる特徴。安全性は元本確保など、資産を保全する特徴。利殖性は資産を増やす可能性を持った特徴を示します。

通常、すべてを得意とする金融商品はなく、「流動性と安全性は高いけれど、利殖性は低い」、「利殖性は高いけど、流動性と安全性は期待しづらい」といった性格の違いが生まれます。比較する対象の金融商品によって優位性が異なることもあります。

代表的な金融商品の3つの性格を表にしてみました。株式は、預貯金に比べると流動性は低く、不動産に比べると流動性は高いなど性格を理解しやすくなります。

●金融商品に良い悪いはない？

投資を検討していると「良い商品と悪い商品」を知りたくなります。過剰に不利にならないといった視点で良い、悪いと分けられる場合もありますが、良いか悪いかを分類するよりも、「金融商品毎に得意・不得意がある」と考える方が公平かもしれません。

例えば、預貯金は元本を確保してくれ、いつでも引き出して利用できますが、金利を考えると増やすことが期待できる金融商品ではありません。

株式や投資信託は増やすことが期待できるかもしれませんが、元本が割れることもありますし、預貯金に比べると引き出す前に売却する必要があるなど、ひと手間かかります。

こうしてみると預貯金と株式、どちらが良い商品かということではなさそうですね。

金融商品の得意・不得意

	使う（流動性）	守る（安全性）	増やす（利殖性）	特徴
預貯金	○	○	×	いつでも使えるが、ほとんど増えない。
債券	△	△	△	満期まで保有すれば元本が戻され利息も受け取れる。発行体倒産などのリスクはある。
株	△	×	○	評価額の変動を直接受けるため、リスクもリターンも比較的高い。
保険	×	○	△	運用で増える部分もあるが、元本から保障の経費を払う。
不動産	×	△	○	金額が大きいため資産配分が不動産に偏りがち。他の有価証券資産も並行する方がよい。

良い商品、悪い商品というより、
自分の期待と合うかどうかを
考えると選びやすいんですね！

予算を使う、守る、増やすに分ける

〜使うのを待てる期間で分けてみる〜

●「待てる度」で予算分けをする

金融商品は使う、守る、増やすの3つの性格で比較ができるとお話ししました。自分の資産のうち、いくらを、どの性格の金融商品で保有する方が良いのでしょうか。

日常的に使う可能性がある予算は、「使う」が得意な商品との相性が良いでしょう。生活費の3〜6ヶ月分程度は預貯金で保有しておけば、病気になった時や転職を考えた時にもすぐ使え、落ち着いて今後のことを考えやすくなります。5年〜10年使う予定がない予算は、「守る」が得意な商品との相性が良いとされます。結婚資金や住宅購入のための頭金など、利用目的が決まっている予算は、元本が割れるのは困りますが、「使う」を優先して金利が低いところに置いておくのは勿体ないからです。

一般的には、定期預金や個人向け国債、固定利率の保険商品による積立などと相性が良いとされますが、今は金利の水準が非常に低いため、「使う」が得意な金融商品とあまり差が出ない傾向にあります。

●老後資金は「増やす」に分類されやすい

10年以上使う予定がない予算は「増やす」が得意な金融商品との相性が良いとされています。一般的にはセカンドライフのための資産などがあたります。実際に必要とするまで十数年以上あるため、すぐに使える状態にしておく必要はありません。また、期間を長くとれるなら、額面を固定しておくよりも価値の維持・向上を目指す「増やす」を得意とする商品がむいています。

このように実際にそのお金を使いたい時期に応じて、金融商品を考えると選びやすくなります。投資は減っても良いお金でと言われることもあり、どのくらい投資するか悩んでしまいますが、待てる期間の長さという尺度をいれると判断しやすくなります。

待てる期間でお金を予算分けする

使うお金

- 毎日の支払いや、いざという時に必要なお金
- すぐに使える状態で置いておきたい
- 生活費の3～6ヶ月程度が目安

例）病気、転職など

守るお金

- すぐに使う予定はないが、5～10年の間に使うことが決まっているお金

例）結婚資金、住宅購入の頭金など

増やすお金

- 10年以上使う予定のないお金
- 一般的にはセカンドライフ資金が該当することが多い

例）セカンドライフ資金、用途が決まってない資金など

すでに貯まっているお金や、毎月貯めているお金を、待てる期間で予算分けしてみましょう！

COLUMN

投資は資産の形を換えて保有しているだけ

「投資」というと、お金に働いてもらうことや、金銭を殖やす為に行うことという印象が強いかもしれません。しかし実は「資産の形を換えて保有しているに過ぎない」と考えることもできます。

ここ数年、新型コロナウイルス感染症の流行やロシアによるウクライナ侵攻など、誰もが想定していなかった出来事が立て続けに起こりました。また、円安や物価高の影響で物の値段や電気代が上がってしまい、家計に大きなダメージを受けました。

円安や物価高でも、外貨建ての資産を持っていた人や、物価に連動する資産を持っていた人は、円換算した資産の額面はむしろ増えたという現象が起こります。逆に円高や物価が下落した時は、円預金だけで資産を持っていた方が多くの物が買えた、となるわけです。

次に何が値上がりするのかは誰にもわかりません。手元に残った資産を性格が違う形状で保管しておけば、想定外が起きた場合にその時有利な形状をしている資産を売却し、必要なものを必要な分だけ買うこともできるかもしれません。このように、異なる形で資産を保管しておくことで、購入できる品物の数を維持する、資産の価値を維持するための取り組みが「資産運用」です。

資産運用は投資のことだけを指すのではなく、持っている資産の持ち方を考え采配すること全体を指します。投資は資産運用のうち、現預金以外の資産の保管方法の1つです。

「同じ資産ではあるものの、持ち方を変えているだけ」と考えると投資はぐっと身近な存在に感じられるかもしれません。価値を維持するための投資の「検討（≠実施）」は多くの人に有効です。

CHAPTER 02

投資信託とはどんなもの？

ざわ
ざわ

はぁ〜

ところで
投資信託ってさ
株のこと
なんじゃない？
大損しちゃう
ことも
あるかも
しれないよね

運用するってことは
投資をするってこと…？
投資
?
10000
投資
?
10000
?
投資
10000
10000
投資っていうと
株価？とか
チェックしないと
いけないのかな…

わかってたけど
考えないように
してた
ガーン
それなりに
リスクがあるって
ことじゃないか！
投資
失敗!!
10000
10000
損失〜

僕に
株式市場を
読む力なんて
ないよ〜
ど…
どうしよ…

投資と聞くと
やはり
不安ですよね
あっ
新山さん！

教えてください！
NISAにも
元本割れのリスクは
あるんですか!?

残念ながら
あります！
やっぱり！

今から株の勉強する
なんて無理だ～
やっぱり
細々と
貯蓄するしか
ないか～
あきらめモード
でも
きちんと運用すれば
そのリスクは
軽減できますよ

そのために
まずは投資の種類を
知っておきましょう
投資の種類ねぇ…

まずは【株式】
投資と聞くとまずこの株式を思い浮かべる人も少なくないですね
会社に対して出資することでいわゆる株主になるわけです
値動きも激しく元本割れのリスクはありますが高値の時に売ることでリターンが大きくなる可能性もありますね
会社
株式
10000
株価110円
会社A
業績UP
売り!
株式
買った時90円だったから＋20円
次に【債券】
株式との違いはお金を出資するのではなく貸すということ
貸しているお金の利息をもらうことで利益が発生します基本的には元本を返してもらうんですが
貸している会社が倒産したりすると返ってこないこともあります
貸すだけですよ!
会社
新山のお金
10000
利息
債券
倒産リスクの少ない会社は?
会社A
会社B
会社C

そして【投資信託】
株式も債券も運用のプロが取りまとめてくれるのが投資信託です
プロ（ファンドマネージャー）
あらかじめ決められた方針で複数に投資してリスクを分散できます
何より少額から投資できることが最大のメリットです
少額でも分散投資!!
株や債券は個人で買うと50万円～など必要！
株式A
株式B
債券
￥

NISAのつみたて投資枠はこの【投資信託】で運用していきます
つまり株などの細かい値動きなんかのチェックはプロがやってくれるわけですか…

どうですか？きちんと勉強すれば投資そのものは怖いものじゃないんです
う～んでもまだ不安が…
投資信託の内容も1つ1つ理解していきましょう

お金を出資する投資スタイル

株式とはどんなもの？

●投じた元本が戻る約束はない

新しいNISAを理解するにあたって、この章では、金融商品のカテゴライズを整理してみましょう。

まず代表的な投資対象である「株式」です。「株式」は会社に対して出資を行った証に発行される証券です。出資したお金は事業に充てられ、返済の義務はありません。出資の証として発行された株式は、その会社の人気が高ければ高い値で売れることがあり、出資したお金よりも高く株式が売れれば、売却益が得られます。

株式は通常100株を1単元と呼び、単元を単位として取引します。

●株式を保有して受けられる恩恵

株式を保有して受けられる主な恩恵は、経営に対して保有する株数に応じた議決権を行使することが挙げられます。株主総会に出席して経営陣に直接質問をすることや、インターネットを通じて経営方針に対して賛否の投票を行うことなどができます。

金銭的なメリットとしては、先ほどお伝えしたような売却によって得られる利益のほか、半年や年に1度など定期的に得られる配当金、その会社の商品が贈られる株主優待などがあります。配当金や株主優待は、無い会社もありますし、内容が見直されることもあります。

株式の選び方には、「その会社に期待をしているから応援したいし、売却益も狙えるかも」、「普段から愛用している商品が株主優待でもらえる」、「配当が高い株式の保有を増やして継続的な収入につなげたい」など様々。ただ、配当金や株主優待よりも株価は大きく動きます。配当以上に株価で損をすることなどには注意が必要です。

何に投資をしているかわかりやすい上に、比較的値動きもある、代表的な投資対象といえます。

株式のイメージ

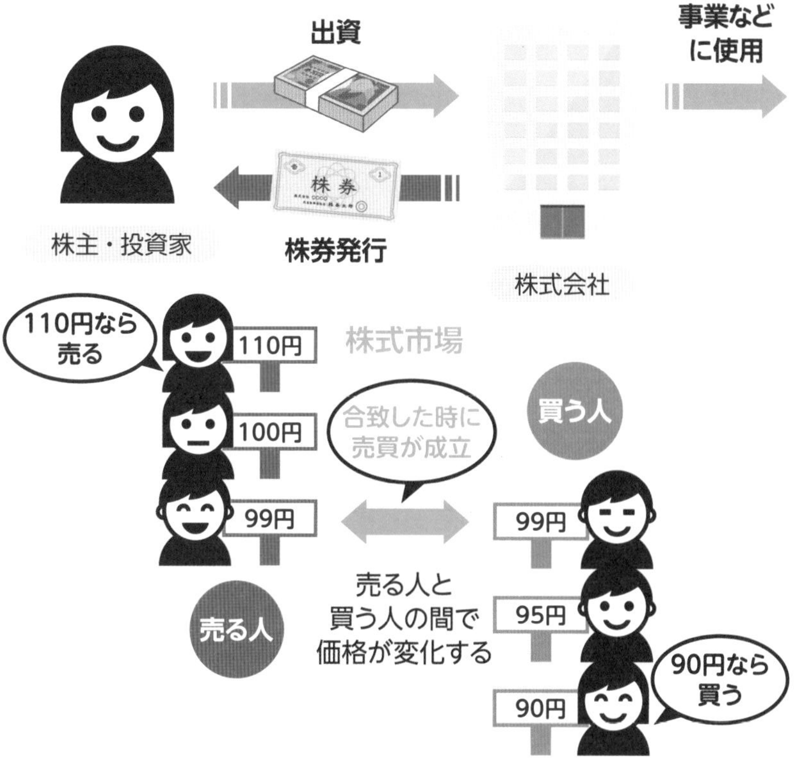

●メリットは配当金の他にも…

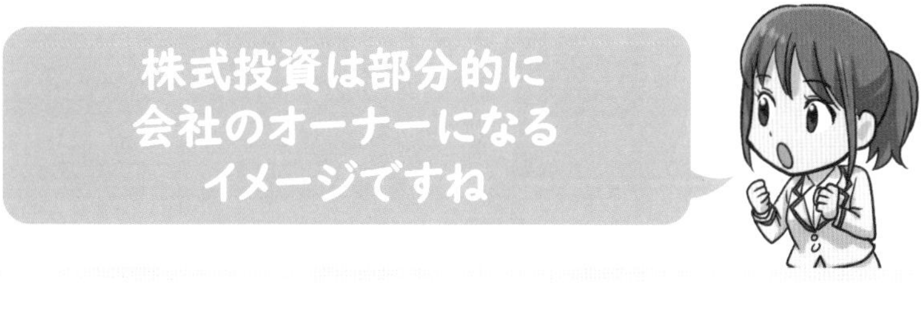

株式投資は部分的に
会社のオーナーになる
イメージですね

お金を貸す投資スタイル

債券とはどんなもの？

●実は本来は元本を返す約束

債券は株式とは異なり、国や会社に対してお金を「貸す」投資方法です。

出資ではなく貸すだけなので、最初から最後まで約束通り貸して満期を迎えた場合、元本はすべて返してもらうのが原則です。お金を貸していることに対して受け取ることができる「利息」が債券の主な利益です。

こうした仕組みのため、債券は株式に比べ安全性が高いとされます。

ただし、お金を貸した先が倒産などすると、貸したお金が戻って来ないことや、減ってしまう可能性もあります。また、満期まで持たず途中で売却することや、途中で売却された債券を購入することもあり、購入時と売却時の価格差で損をすることもあります。

●信頼されている銘柄ほど利回りが低い

自分が誰かにお金を貸すことを考えると、収入が安定していて、過去にも滞りなく返済している人なら、低い利息で貸してあげても良いと感じますね。

債券はまさにこの考え方が反映されます。倒産の恐れが低いなど、安心して貸せる先の債券の利回りは、一般的に低くなります。逆に、経営状況が不安定とされる会社の債券の利回りは高くなる傾向にあります。

利回りが高い、利息が高いというと良いことのように聞こえますが、貸した元本が戻ってこない可能性が高まる危険性とセットであることも意識しておきたいポイントです。

会社の安全度は、複数の格付け会社がＡＡＡ、ＡＡ、Ａ、ＢＢＢなどと付与する格付けなども参考になります。

債券のイメージ

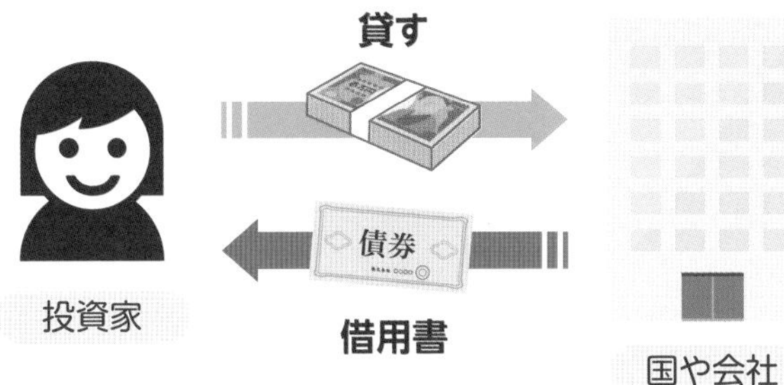

●持っている間は…

●満期を迎えると…

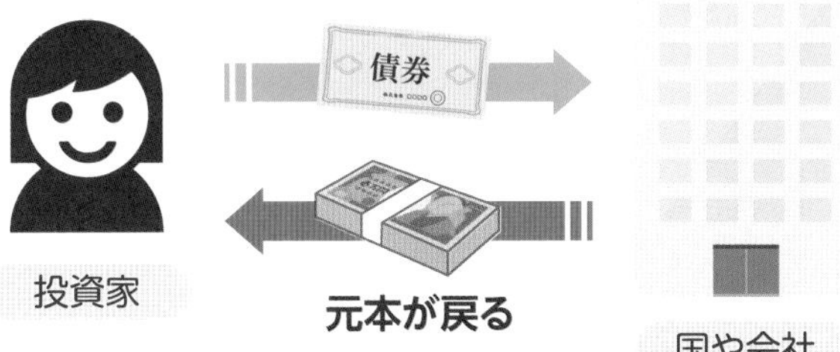

倒産などでお金が減ったり、
返ってこないこともあるので、
貸す相手は慎重に選びましょう！

投資信託とはどんなもの?

●複数銘柄がつまったパッケージ商品

本書のメインテーマである「新しいNISA（つみたて投資枠）」で購入する商品は「投資信託」が中心になります。

投資信託とは、投資家から集めたお金を運用のプロであるファンドマネージャーが株式や債券など複数の銘柄に投資をしてくれるパッケージ商品といえます。

1つの株式や1つの債券に投資を行うと、その投資対象の調子が芳しくない場合、投資をしたお金がダイレクトにその影響を受けることになります。それを防ぐために、複数の投資先に投資を行うことでリスクを分散するという方法があります。

しかし、自分で株式や債券に投資を行う場合、株式であれば通常一単元単位（100株）、債券であれば50万円など、ある程度まとまったお金を必要とします。

●投資信託なら100円でも分散できる

投資信託の場合、1万円や1000円、近年では100円から購入することができる商品や証券会社も出てきました。そのため、少額の投資であっても、数十や数百の投資対象に対してお金を投じることができます。

投資信託の最大のメリットは「少額でも分散投資を行える」ということ。

ただし、一口に投資信託といっても、その中身によって商品の性格は、ガラリと変わります。

投資信託は、みんなでお金を預けてプロが運用してくれるため、少額にも関わらず分散投資ができる点は大きなメリットですが、自分が購入しようとしている商品のポリシーを理解する必要があります。

以降、投資信託のポリシーを理解するために必要な情報を整理していきます。

投資信託のイメージ

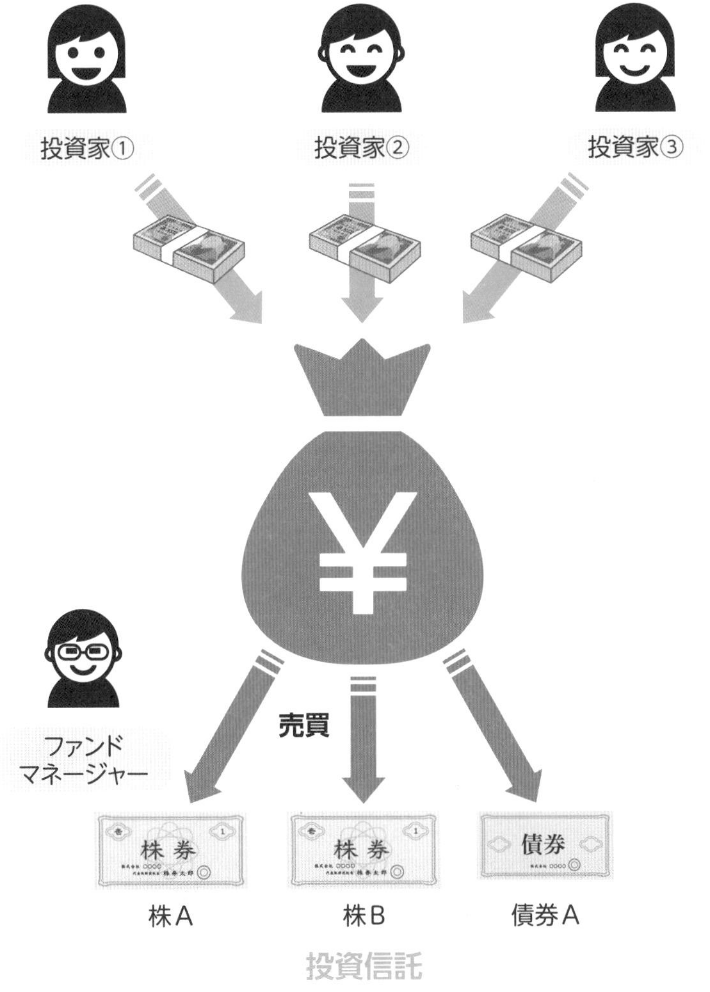

投資家①　投資家②　投資家③

売買

ファンド
マネージャー

株A　株B　債券A

投資信託

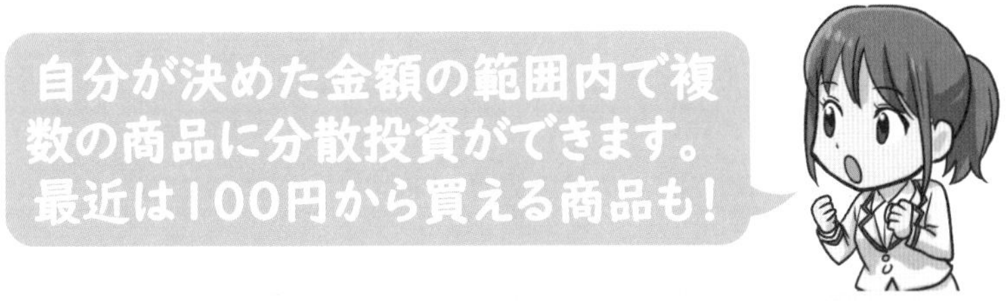

自分が決めた金額の範囲内で複数の商品に分散投資ができます。最近は100円から買える商品も！

おおまかな傾向をとらえるコツ

国内？株式？アセットクラスを知る

●似たもの同士をグルーピング

投資信託を購入する場合、商品のポリシーを理解する必要があるとお伝えしました。まず最初に確認したいのが、「アセットクラス」です。

アセットクラスとは、投資対象が国内なのか、海外なのか、株式なのか、債券なのかなど、性格が似たものをグルーピングして区分する考え方です。

代表的なアセットクラスは大きく6つで、国内株式、国内債券、先進国株式、先進国債券、新興国株式、新興国債券があげられます。投資対象が株式なのか債券なのかに二分でき、そのそれぞれに、日本、先進国、新興国と分類ができるという考え方です。

その他にも不動産に分散投資をする「REIT」、金や小麦などを対象とした「商品（コモディティ）」といったアセットクラスもあります。

●その銘柄は何クラス？

例えば、トヨタ、アップル、アリババの3つの株式があった場合、この3銘柄は別々のアセットクラスになります。トヨタは国内株式、アップルは先進国株式、アリババは新興国株式に分類できます。

国内株式と他2つのアセットクラスでは為替の変動の影響を受けるか否かという観点で違いがあります。新興国と他のアセットクラスを比較すると、一般的には新興国の方がこれからの成長を期待されるものの、価格の変動が激しいと分類されます。

資産運用では1つ1つの銘柄以上に、どういう性格のものを何割保有しているのかという全体の傾向を把握することが重要とされています。性格によるグルーピングであるアセットクラスを理解して、自分の資産の全体像が見えるようにしていきましょう。

代表的なアセットクラス

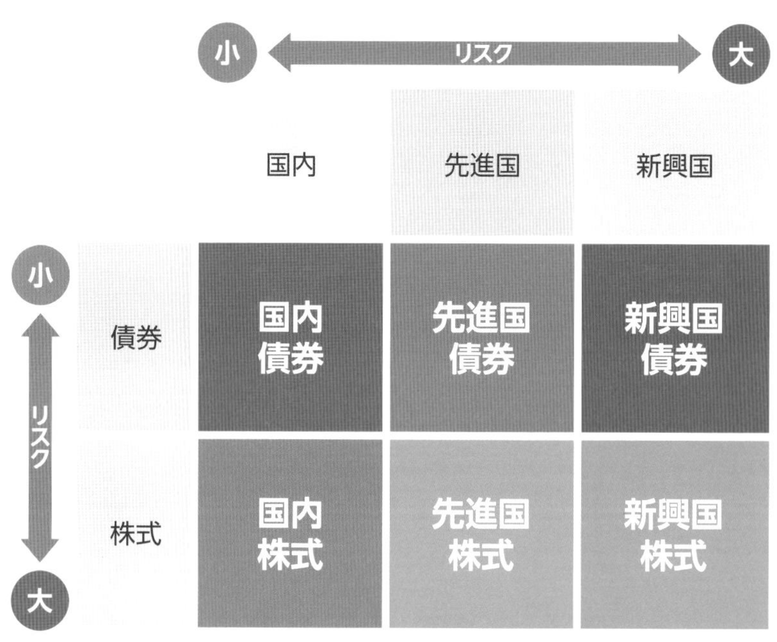

大きく6つに分けられる

不動産(REIT)	商品(金や小麦など)
分配金が高い傾向	インフレ対策になることも

アセットクラスを意識することで商品の特徴が理解しやすくなるんですね!

投資信託の運用方針

● 指数連動？ オリジナル分析？

その投資信託がどういう商品なのかを理解するためには、構成されるアセットクラスの他に、運用方針をチェックすることがおすすめです。

運用方針は、「パッシブ運用」と、「アクティブ運用」の大きく2つに分けることができます。

パッシブ運用とは、代表的な経済指数に連動することを目指した運用方針で、「インデックス」と呼ばれることもあります。

連動する経済指数には、日本の上場株式全体の動向を示す「TOPIX」、アメリカの主要銘柄の動向を示す「S&P500」、世界全体の株式の動向を示す「MSCI ACWI」などがあります。

● 無難なのはインデックス

経済指数に連動することを目指すパッシブ運用に比べ、アクティブ運用では、運用会社が独自に商品に組み入れる株式会社を選定したり、調査したりします。独自のセレクションによって、経済指数以上のパフォーマンスを目指す一方で、手間がかかるため、手数料なども高い傾向にあります。

手数料などのコストの高さは、マイナスのパフォーマンスを確定させることともいえます。未来のことを確実に言い当てることは、誰にもできないため、高いパフォーマンスを得られるかどうかは約束ができません。NISAの「つみたて投資枠」対象商品の大半は、インデックスなので自然と選ぶことも多いと思います。

そう考えると、原則、投資の中心部分は、インデックスタイプで行うことが無難といえるでしょう。

投資する金額を少なくし、一部だけアクティブ運用の投資信託を組み込み楽しむのは良いかもしれません。

運用方針は大きく2つ

アクティブ運用

- 経済指数を上回る成績を目指す
- 独自の調査を行うため、手数料が高い傾向にある
- 手数料以上の成績をあげられないと増やせない

パッシブ運用（インデックス）

- 経済指数に沿った成績を目指す
- 独自の調査の手間が少ないので、手数料は抑えられる傾向にある
- 投資初心者はまずこちらを購入する方が無難

<主な経済指数>

TOPIX：日本の上場株式全体の動向を示す
MSCIコクサイ：日本を除く先進国の動向を示す
MSCI ACWI：先進国と新興国あわせて世界の動向を示す
S&P500：アメリカの動向を示す

初めて投資を行う人は、インデックスを中心にする方が無難です

投資信託の登場人物

〜主な3者の登場人物〜

●設計する人、実行する人、販売する人

株式や債券に比べて、投資信託の商品の仕組みは複雑です。少額でも複数に投資できるメリットはありますが、その仕組みのため、一定のコストも発生します。

商品を構成している登場人物は主に3者。商品の設計をする人、実行する人、販売する人に分けられます。

私たち個人投資家が投資を行うための口座を開設する、銀行や証券会社は「販売する人」にあたります。

購入する商品は、「設計する人」である運用会社が投資の方針を決めていますが、実際の投資は「実行する人」である信託銀行が行っています。

私たちが投資して預けるお金は、証券会社でも、運用会社でもなく、信託銀行で保管・運用されることになります。

●投資信託は普通預金より保護される？

登場人物3者の役割から、口座を開設した銀行や証券会社、商品を企画・設計している運用会社が仮に破綻したとしても、私たちが投資に充てた資金に影響がないことがわかります。資金を保管・運用している信託銀行においても、投資家から集めたお金は信託財産として分別管理することが定められています。

投資信託は、普通預金などが対象となるペイオフ（預金保険・金融機関1つに対して1000万円まで保護）の対象ではありませんが、信託銀行の分別管理には金額の上限がなく、より多く保護されるともいえます。

ただし、信託銀行が破綻した場合、評価額が下がっているなど、売りたくないタイミングでお金が売却され、戻ってきてしまうこともあります。上限なく分別管理されますが、元本が保証されるわけではありません。

投資信託に関わる人々

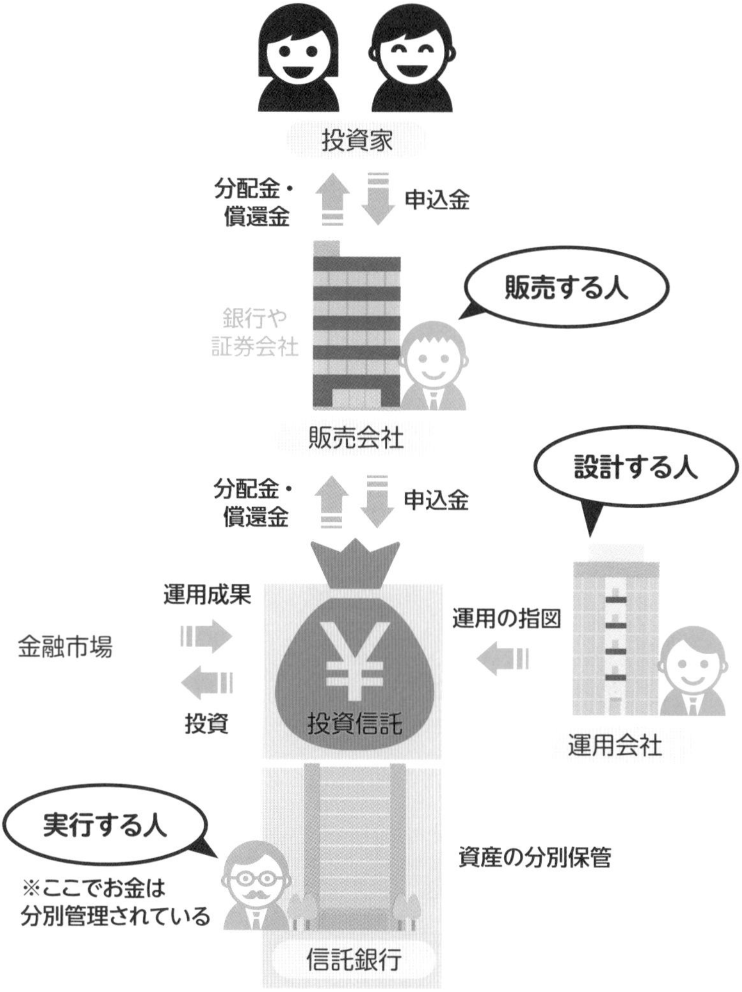

投資家

分配金・償還金 ↑ ↓ 申込金

銀行や証券会社

販売する人

販売会社

分配金・償還金 ↑ ↓ 申込金

設計する人

金融市場 → 運用成果 / ← 投資

投資信託

← 運用の指図

運用会社

実行する人

※ここでお金は分別管理されている

資産の分別保管

信託銀行

預けたお金は信託銀行で分別管理されています

重要なのは信託報酬

投資信託3つのコスト

●購入時、保有中、売却時

投資信託による投資では、コストが発生するタイミングが主に3回あります。1つは購入時、2つ目は保有中、3つ目は売却時です。

購入時のコストは「販売手数料」や、「購入時手数料」と呼ばれ、購入する商品や、販売会社ごとに異なります。同じ商品でも購入する販売会社（銀行や証券会社）が異なると、手数料の金額が異なることもあります。購入金額の0～3％程度のことが多いです。購入時手数料が0％の投資信託のことを、ノーロードと呼びます。

売却時のコストは「信託財産留保額」と呼ばれます。例えばあなたが投資信託を売却しようとした時、投資信託に含まれる株式などを売却して、あなたに現金を戻すことになります。その際に発生する手数料などを負担するイメージのコストです。

売却する投資家が「信託財産留保額」を払わなければ、投資信託の保有を続ける他の投資家が間接的に費用を負担することになります。こうした不公平が起こることを避けるためのコストで、売却する額面の0・1～0・5％のことが多いです。

●着目すべきは信託報酬

購入時や売却時にかかるコストは一時的なものですが、保有の間、継続的にかかるのが投資信託の管理・運用の費用である「信託報酬」です。

信託報酬以外にも売買委託手数料や有価証券取引税など継続的にかかる費用もあります。購入しようとしている商品の「運用報告書」や、「1万口あたりの費用明細」などで確認する方が良いですね。継続的にかかる費用は、そのパーセンテージ以上に運用で利益を上げなければ損失となるため、もっとも重視すべきコストといえます。

投資信託でかかるコストと発生するタイミング

タイミング	主なコスト	コストの目安	備考
買う時	購入時手数料 (販売手数料)	0〜3% 程度	0%の商品を ノーロードと 呼ぶ
保有中 重要	**信託報酬**	**0.1〜1% 程度**	**継続して かかるため 一番重要**
売る時	信託財産留保額	0.1〜0.5% 程度	保有を続ける 投資家に負担 をかけないよう 売却する人が コストを支払う

コストを上回る利益がなければ
損失になるので、コストを
意識することは大切なんですね

値段を見ずに買う、投資信託

●投資信託の価格は1日1つ

株式の場合、価格が刻々と変わりますが、「株価がいくらになったら購入する」といった指値での注文を行うこともできます。

一方、投資信託は、投資信託の価格にあたる「基準価額」が、通常、1日に1つだけとなります。

投資信託は複数の商品を組み合わせているため、どこかのタイミングを軸に価格を決める必要があります。そのため、通常、基準価額は、その日の株式などの取引市場が終了してから算出されます。つまり投資家は、その投資信託をいくらで購入するか、わからないまま買うことになります。この方法をブラインド方式と呼びます。

●頻繁に売買するスタイルに向かない

値段が決まる頻度がのんびりしていて、購入時に価格が決まらない投資信託は、頻繁に取引を行うタイプの投資には向いていないと言えます。株式などで、1日に何度も売買を繰り返す「デイトレード」などの手法がありますが、投資信託とは相性が良くなさそうですね。

また、投資信託の多くは、売却して現金に戻す際、数日期間が必要です。

株式の取引でも、一度買った銘柄は数年間持ち続けるなど、ゆったりとしたペースで取り組む人もいますが、投資信託だと、商品の性格上も、そもそも頻繁な売買をする運用が現実的ではないことがわかります。

投資は複数の商品を組み合わせて取り組むこともできます。例えば投資のメイン（コア）を投資信託とし、一部（サブ）だけ株式に挑戦するなどの方法もあります。こうした方法は「コア・サテライト戦略」とも呼ばれますが、金額で調整し組み合わせれば良いと考えると、投資をもっと自由に楽しむことができそうです。

投資信託の価格は1日に1つ

株式

売数量（株数）	値段（円）	買数量（株数）
︙	︙	
1000	103	
200	102	
100	101	
100	100	
	99	100
	98	500
	97	1000
	︙	︙

●1日の値動きのイメージ

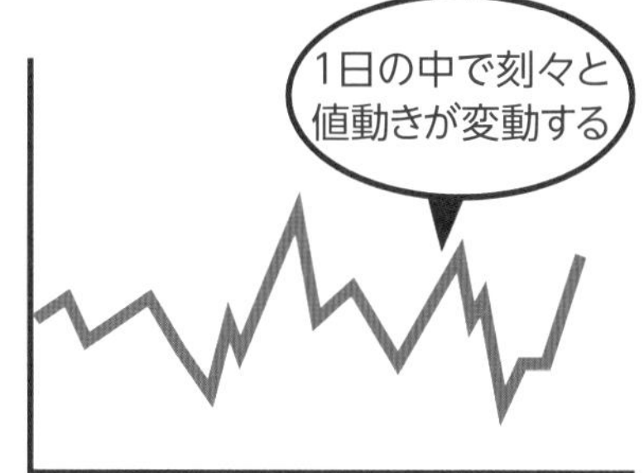

買いたい金額に
ならないと購入
しません
購入者

投資信託

●1日の値動きのイメージ

複数の商品の評価額を集計してから価格を決定するため値段は1回だけ決まる

9：00　15：00

いくらになるか
わからないけど
購入します

購入者

投資信託は商品の構造的にも
激しい取引に向きません

指値で買える、投資信託

●ETFという選択

投資信託は価格がわからず購入し、売却して現金が手元に戻るまでに数日かかるとお伝えしました。

しかし、株式と同様に価格が刻々と変わり、売買もすぐに行える上場投資信託（ETF）という商品もあります。

ETFは投資信託と株式の両方の特徴を持っています。1つのETFを購入したとしても、投資信託同様に、複数の株式や債券に分散投資をすることができます。上場しているため、市場で売り手と買い手の価格が合致すれば、売買もすぐに行え、「指値」での取引も可能です。

●ETFは主に成長投資枠で検討を

通常の投資信託の場合、購入時、保有中、売却時に商品ごと・金融機関ごとに定められた手数料がかかります。

ETFでは購入時や売却時は、株式の取引と同等の扱いになります。口座を開設した証券会社や銀行のプランに応じて「5万円までの取引なら1回55円」、「1日100万円までの取引なら0円」のように手数料が発生します。

保有している間継続してかかる信託報酬は、通常の投資信託より低い傾向にあり、毎月一定額を積み立てることができる商品は、投資信託より少ないです。

そのため、「毎月本当に少額だけ積み立てたい場合は投資信託」、「半年や1年毎などで、まとまった資金で手数料を抑えて投資したい場合はETF」という使い分けになります。少額だけ購入できるETFもあることや、一部積み立て可能なETFもありますが、新しいNISAで検討する場合は、主に成長投資枠での検討になります。

つみたて投資枠では、制度上は対象商品がいくつかありますが、買えない証券会社が多いです。

指値で買える投資信託

特徴	通常の投資信託	ETF（上場投資信託）
価格変動	1日1回	刻々と変わる
指値※	できない	できる
購入時コスト	商品と販売会社によって購入価格の0〜3%など ※つみたて投資枠ではかからない（ノーロードのみ）	証券会社ごとの株式の取引手数料に準ずる（5万円までの取引なら55円等）
信託報酬	高い傾向	低い傾向
積み立て購入可能な商品	多い	少ない

毎月の積み立てには投資信託、まとまった資金を低頻度（年に数回など）で積み上げていくにはETFと相性が良い。

※指値は、指定した金額で売買すること

つみたて投資枠で投資信託、
成長投資枠でETFなども
選択肢ですね

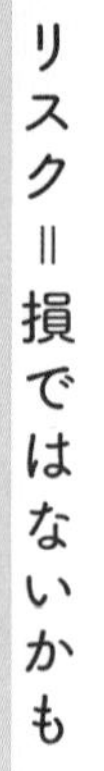

増えることもリスク？リスクって何？

● リスクとは価格の振れ幅のこと

「投資にはリスクがあります」という言葉を聞いた時、リスク＝危険や損失と思いがちですが、投資におけるリスクとは「振れ幅の大きさ」を指すことが多いです。

例えば、債券に比べて株式の方が、価格が上下する可能性があるため「債券よりも株式はリスクが高い」と表現します。確かに価格が下落して損をする可能性もありますが、価格が上がり、利益が出る期待も高まります。

価格が上下に幅広く動くからこそ利益を得られる可能性も期待できます。そう考えると、利益が出る価格変動もリスクの一部ということができます。

通常、損失と利益はセットになっています。絶対に損をせず、高い利益だけが期待できる商品は無いと考えるのが妥当です。

● リスク＝振れ幅と考えた商品選び

リスク＝危険ではなく、リスク＝振れ幅と考えた時、商品選びはどのように変化するでしょうか。

必要としている金額が決まっている費目、比較的すぐに使う予定のあるお金などは減っては困るため、振れ幅が大きな商品との相性は良くありません。

しかし、使うまでの期間が長ければ、物とお金の相対価値が変化する可能性もあります。預貯金などで保有して額面を固定させておくより、景気や物価に連動させる形で保有をしておいた方が「価値」を維持できる可能性があります。

資産の一部を振れ幅がある形式で保有するのは、将来の景気や物価の変動に備えて「価値」を維持するための取り組みといえます。

リスク ≠ 危険

リスク ＝ 振れ幅

リスクが高い

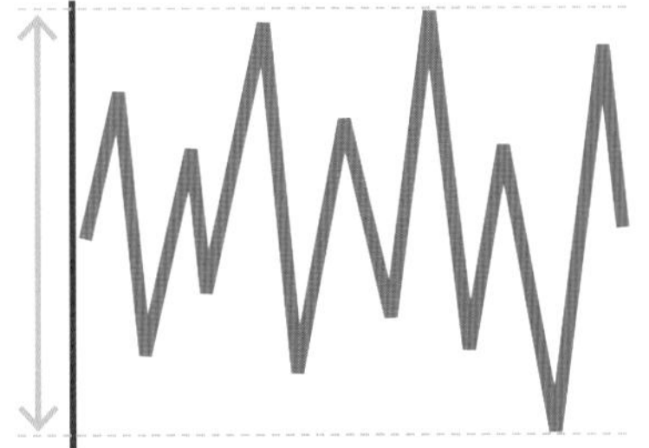

損失も利益も
大きく出る可能性がある

リスクが低い

損失も利益も
小さく出る可能性がある

リスク＝振れ幅と考えると、
より自分の考えに沿った
商品選びをしやすくなります

リスクの種類を知って状況分析

分類できれば見えてくる

●レートが変われば損得が発生

投資においてはリスク＝振れ幅のことを指すことも多いとお伝えしました。一口に振れ幅といっても、振れ幅を引き起こす要因にはいくつかの種類が存仕します。

例えば、海外の株式や債券に投資をした場合、株価や債券価格に変動が無くても、日本円と投資対象の国の通貨の関係性が変わると、日本円に換算した時の額面は変化します。

ある株式の株価が100ドルで、1ドル＝100円の時に購入すると、1株1万円相当の銘柄と考えられます。株価は100ドルのまま変わらなかったとしても、1ドル＝110円に変化するとその銘柄は1万1000円相等の銘柄となり、売却すると為替による差益が発生することになります。もちろん逆に損をすることもあります。

●代表的なリスク要因

このように、海外の金融商品では通貨のレートで損得が発生することがあります。こうした振れ幅要因のことを「為替リスク」と呼びます。

その他にも、物価が変動することで、現金の相対的価値が変わる「インフレリスク」、債券などで発行体の経営状況などの影響を受ける「信用リスク」、投資対象が属する国の政治や情勢の不透明感による「カントリーリスク」などが存在します。

こうしたリスクの種類や分類方法を知ることは、これから購入しようとしている金融商品の性格を把握するための助けになります。

未来を読むことはできませんが、影響を受ける要因を把握しておくことは大切です。

リスクの種類を把握しておく

A　国内株式	B　先進国株式
為替リスク	為替リスク
インフレリスク	インフレリスク
信用リスク	信用リスク
カントリーリスク（日本）	カントリーリスク（先進国）
など	など
インフレなどに対応する手段として投資を検討する	日本以外の国が成長した時に備えて投資を検討する

保有資産の中では
B先進国株式への
影響をより気に
かけよう

NEWSです
為替が円高に…

リスクの種類を把握すると、
影響を受ける可能性のある
金融商品が見えてくるのですね

リスクは金額でコントロールする

一番重要な手綱は自分が握る

●「損失は100円まで」と保証する方法

この項では、私が一番読者の方にお伝えしたい重要なことをお伝えします。

それは「リスクは金額でコントロールすることができる」という事実です。

通常の取引においては、自分が投資した金額以上の損失を被ることはありません。「万が一損が出る場合でも100円までしか耐えられない」という方は「100円までしか投資をしない」という選択肢が残されています。

投資額以上に投資をしたことになるレバレッジ取引や、現金や株式を担保にしてお金を借りて投資をする信用取引などではこの限りではありません。しかし、通常の取引（現物取引）を行った場合においては「投資した金額以上に損はでない」ということができます。

●最も大切なことは自分の手の中に

投資の抱えるリスクの種類をお伝えしました。国同士の通貨レートの変化や、投資対象の信用、社会情勢などの要素で商品の価格が動きます。

そう聞くと、自分のお金を、自分の力の及ばないところに預けるような気がして不安な気持ちになるかもしれません。確かに未来のことは誰にもわからず、株価や為替を個人がコントロールすることはできません。

しかし、一番重要な「自分がいくら投資を行うのか」という点は、自分自身で決定することができます。

投資では、損をするのに売らずにいられないシーンに遭遇することがあります。こうした行動になる多くの原因は、投資した金額が大きすぎることです。投資額を間違えなければ、多くの失敗を軽減できます。

1番重要なことは自分が決められる

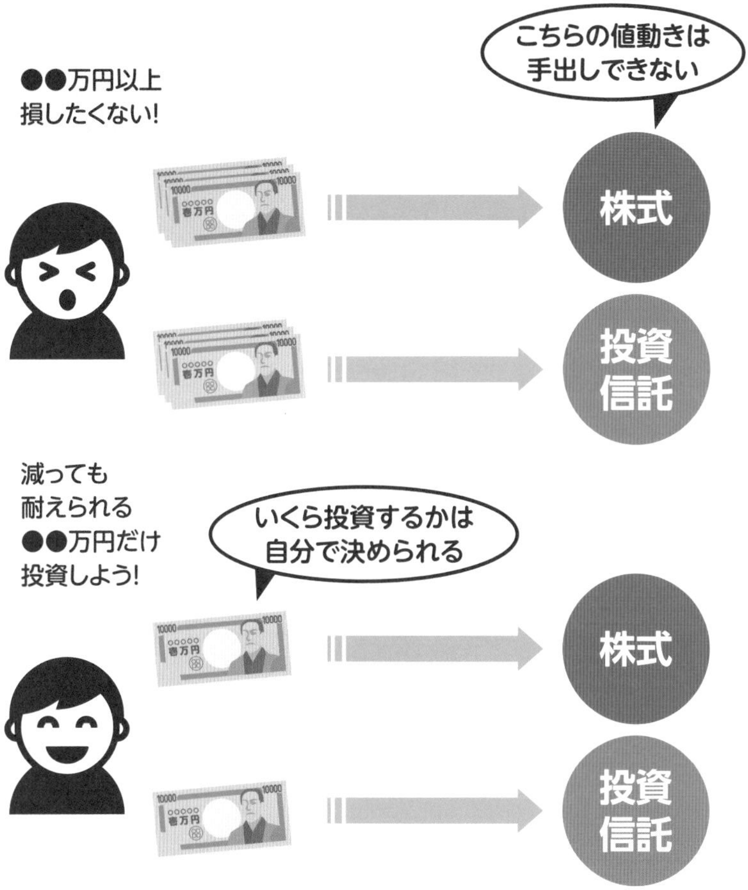

●●万円以上
損したくない!

こちらの値動きは
手出しできない

株式

投資信託

減っても
耐えられる
●●万円だけ
投資しよう!

いくら投資するかは
自分で決められる

株式

投資信託

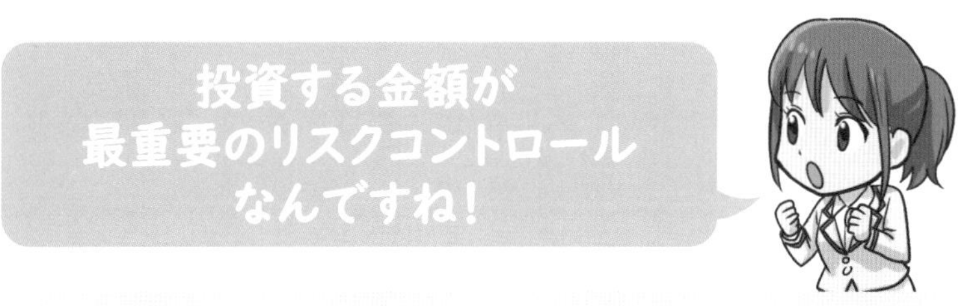

投資する金額が
最重要のリスクコントロール
なんですね!

主軸にすべき王道手法

金融庁が勧める長期、積立、分散投資

●長期、積立、分散を守る手堅い投資

投資を行う際、「長期、積立、分散」という3つを気にかけるのが、王道の手法とされています。本書のテーマである「NISA（つみたて投資枠）」は、まさに、これを自然に実行できる制度設計になっていて、金融庁もこの投資手法を推進していることが感じられます。

「長期」投資は、過去のデータから投資期間が長くなると運用成績が収束している実績があること、価格変動があっても待てる期間が長ければ有利なタイミングが訪れる可能性が高まることなどの利点があります。

また、投資期間が長ければ、得た利益を再度投資に回し、複利のような効果を得られる可能性もあります。

●金額でのコントロールが大前提

「積立」投資は、最安値を狙って買ったり、最高値を狙って売ったりすることが不可能であることをふまえ、同額を買い続けることで取得単価を平準化することを目指します。一時的には概ね安いタイミングを狙い買うことができたとしても、ずっとリサーチすることはよほど興味がなければ難しいでしょう。自動的に積立の仕組みをつくることで継続しやすくなる、などの利点もあります。

「分散」投資は、どの投資先が上がるのか下がるのか、完全に見抜くことは難しいので大きい損失を回避するのに有効です。性格が違うアセットクラスに投資対象を分けることで、自分の資産の価値を保つための運用につながります。

長期、積立、分散、いずれも重要な要素ですが、大前提として、投資金額でリスクコントロールをすることも大切です。新しいNISAでは投資できる金額が大きくなりますが、自分が不安を感じない金額になるよう、まずは少額からスタートすることを心掛けましょう。

王道の投資手法

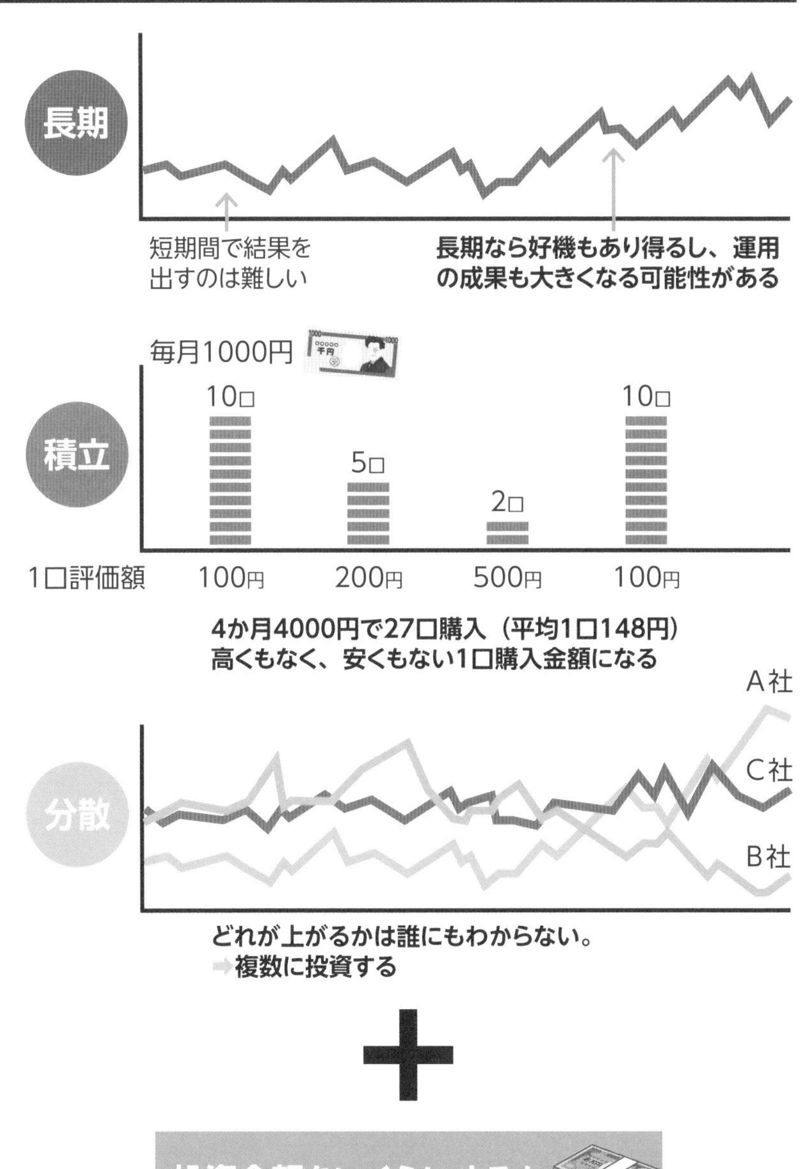
長期
短期間で結果を出すのは難しい
長期なら好機もあり得るし、運用の成果も大きくなる可能性がある
毎月1000円
積立
10口
5口
2口
10口
1口評価額
100円
200円
500円
100円
4か月4000円で27口購入（平均1口148円）
高くもなく、安くもない1口購入金額になる
分散
A社
C社
B社
どれが上がるかは誰にもわからない。
➡複数に投資する
投資金額をいくらにするか

COLUMN

投資信託が最強なのか

「新しいNISA（つみたて投資枠）」で購入する商品は投資信託が中心のため、2章では、投資信託を理解するための情報をお伝えしてきました。

投資信託は少額でも分散投資ができるという強みがありますが、株式などに比べて、商品の構造は複雑で、手数料や内包される銘柄が見えづらいなどの注意点もあります。それでも投資信託が初心者向きとされるのは、未来のことは誰にも予測できないため、十分に分散投資を行うことが、資産の価値を維持するための方法として、一定以上正しいと考えられるからです。

もちろん投資なので、額面で見た時には増えることも減ることもあります。しかし、「額面」を固定・保証できる預貯金などであっても、景気や物価の変動によっては「価値」を維持できない可能性があります。投資信託という形で一部の資産を保有するのは、資産の持ち方の中心に据えられる方法と言えそうです。

投資をシンプルに理解するには、株式などへの投資の方が、仕組みも明確で取り組みやすいかもしれません。ただ、特定の一社の銘柄を購入し、これから人気が出るか出ないかに結果を委ねることになります。大きな金額で試すのは勇気が必要かもしれませんね。

投資信託が必ずしも最強で最良の選択とは限りませんが、手間をかけずに資産の価値を維持しながら保有することを目指す形としては、適切な選択肢になります。

突飛な選択をしなくて済む「新しいNISA（つみたて投資枠）」を使ってトレーニングをし、慣れてきたら金額を調整しながら、株式など他の金融商品も組み合わせていけると良いでしょう。

NISAってどんな制度？

ラーメン

12:28
新しいNISA
すっ
すっ

うん！
だいぶ
新しいNISAのこと
わかってきたかも！
僕の
投資デビューも
近いかもな

花田さん！
あ！
新山さん
どうも

すみません〜〜!!
わあぁっ
えっ？

私今まで
つみたて投資枠の
話ばかりして
きましたが

もしかしたら
もっと花田さんに
合う制度も
あるんじゃないかって
思えてきまして…
ウウ〜
そうなんですか？

だって
新しいNISAって
つみたて投資枠の他に
成長投資枠も
あるんですよ！
成長投資枠
年間240万円非課税
つみたて投資枠より 多く投資する人に
向いている

税金がお得なのは
共通するメリット
ですし！
いや〜
でも僕
違いがよくわかって
ないですし…

だからこそです

例えば
つみたて投資枠は
年間投資可能額は
120万円までと
定められていますが
成長投資枠は
240万円まで
投資できます！
1年間の投資額
240万
120万
成長投資枠
つみたて投資枠

もし
花田さんの投資額が
思ったよりあったらと
考えると…
わあ!!
決めつけて
しまって
すみません！
だ…大丈夫ですよ
僕薄給ですし…
言ってて
悲しく
なるけど

それに2つの枠は
併用可能で
色々な組み合わせが
あるというのに
しかも
恒久化!!
新しいNISAなら
併用可能
2024年から
年間投資可能額
つみたて投資枠
成長投資枠
年間
120万円
年間
240万円
併用可能!?
それはちょっと
気になるかな

それに老後の話をしておきながらNISAとiDeCoも併用が可能なこともまだお伝えしていなかったんです〜
iDeCo？
ああ確定拠出年金でしたっけ

こちらも非課税や各種控除があるので税金対策としては有利になるのに
iDeCo
所得控除など節税効果あり

お伝えし忘れていて本当にすみません〜！

いやいやいいんですよ新山さん

実際始めるのはこれからなんですから

そのことも今教えてもらえれば間に合うので…

ぴた

それもそうですね！

けろ!!

立ち直った！

では詳しく説明します！

通常、投資の利益は2割納税

● 投資で利益が出ると税金を払う

2023年までのNISAや新しいNISAは税制優遇口座と呼ばれます。税金の制度において優遇がある制度ですが、どのように有利なのでしょうか。

通常、投資で利益が出た場合、約2割の税金を納めることになります。100万円を投資して200万円に増やせた場合、増えた100万円には課税がなされ、約20万円を納税することになります。100万円が200万円に増えたとしても、実際手元に入る手取りは約180万円になるということですね。

NISA口座で投資を行った場合には、この利益に対する課税がされません。100万円を投資して200万円に増やせたら、自分の手元に200万円が入ってきます。差し引かれるはずだった約20万円も運用に回せるため、よりお金が増やしやすいと期待されます。

● 配当金・分配金も非課税

株式からは配当金、投資信託からは分配金を受け取ることができるケースもあります。売買による利益だけではなく、保有している間、商品によって投資額の2％程度などが年に1回や2回などに分けて支払われます。

こうした配当金や分配金も通常の口座であれば、税金がかかりますが、NISA口座で運用した金融商品から支払われる配当金や分配金には課税がされません。

ただし、配当金・分配金の受け取り方法には注意が必要です。ゆうちょ銀行の窓口などで現金として受け取るといった方法を選ぶと、課税があります。成長投資枠でETFを購入して分配金、株式を購入して配当金を受け取る場合などに特に注意が必要です。非課税で受け取るには、証券口座に直接振り込まれる「株式数比例配分方式」を選択しましょう。

売買益などが非課税

売買

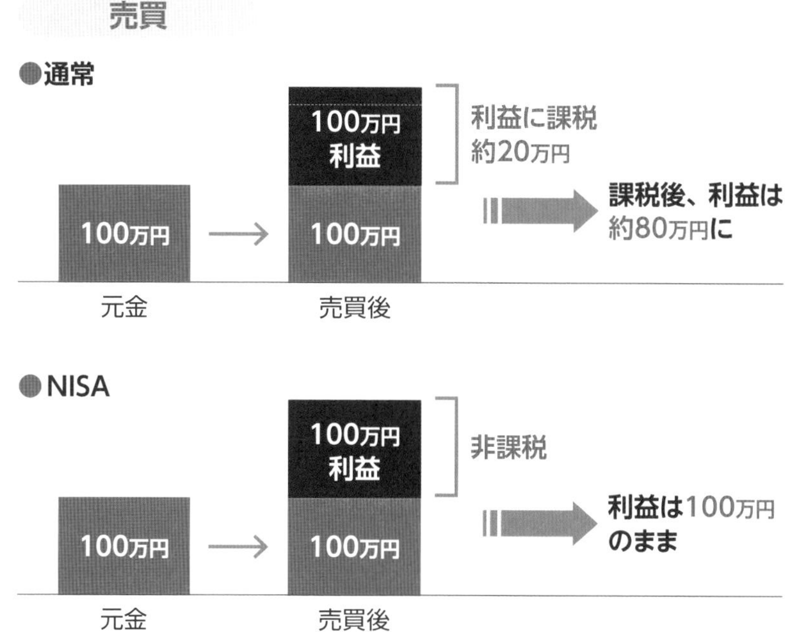

配当金・分配金

定期的に支払われる配当金や分配金

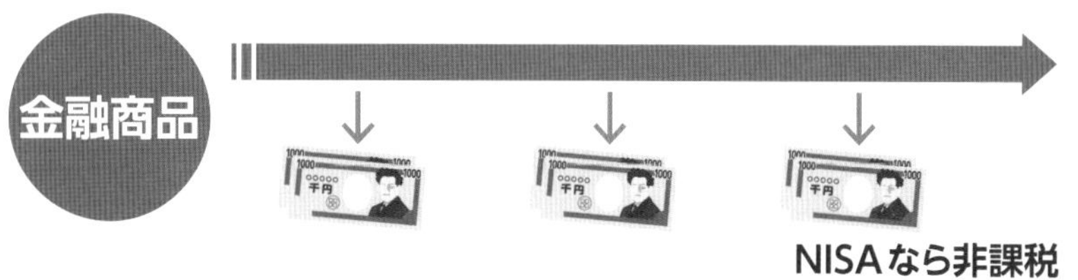

※成長投資枠では「株式数比例分配方式」を選ぶのをお忘れなく。

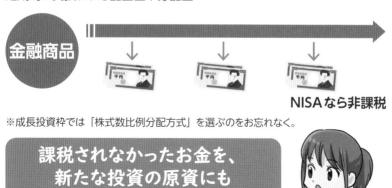

課税されなかったお金を、
新たな投資の原資にも
使えるんですね！

新しいNISAとは？

大幅拡充に期待度MAX

●金融庁・投資家の悲願実現で自由度急上昇

2024年からの「新しいNISA」は口座開設や運用を続けられる期間に制限がなくなり、投資・運用ができる金額も大幅にアップしました。

私たちが資産運用を行う場合、本来であれば「制度をより効率的に使うための運用」を考えるのではなく「自分にとって必要な運用を必要なタイミングで行うこと」が理想的です。

口座開設ができる期間に制限があると、自分のタイミングでは、まだだと感じていても焦って投資を始めることも出てくるかもしれません。投資した資金を運用できる期間に制限があると、本当はまだまだ運用を続けられるのに「非課税保有期間が終了するから」と売却して手元に戻すことも出てくるかもしれません。

こうした制約を無くす「恒久化」は、多くの投資家や金融庁が実現したいと長く要望を出し続けてきたことでした。「資産所得倍増プラン」という方針の後押しもあり、今回実現しました。

●つみたて&成長投資は併用可能

つみたてNISAの機能を引き継ぐ「つみたて投資枠」は年120万円、一般NISAの機能を引き継ぐ「成長投資枠」は年240万円。合計年間360万円の投資が可能です。

なお、「成長投資枠」で投資信託の積立投資を行うことも可能です。非課税で保有できる限度額は1800万円ですが、売却すると翌年に枠が復活します。

これまでのつみたてNISAと一般NISAは年にどちらか1つの制度しか選べませんでしたが、併用も可能となり、かなり自由度がアップすることになりました。自分に必要な分だけ、うまく使っていきましょう。

「新しいNISA」はこんな制度

	つみたて投資枠	成長投資枠
年間投資枠	120万円	240万円
非課税保有期間※1	無期限化	無期限化
非課税保有限度額（総枠）※2	1,800万円※簿価残高方式で管理（枠の再利用が可能）	
		1,200万円（内数）
口座開設期間	恒久化	恒久化
投資対象商品	積立・分散投資に適した一定の投資信託（現行のつみたてNISA対象商品と同様）	上場株式・投資信託等※3（①整理・監理銘柄②信託期間20年未満、高レバレッジ型及び毎月分配型の投資信託等を除外）
対象年齢	18歳以上	18歳以上
現行制度との関係	2023年末までに現行の一般NISA及びつみたてNISA制度において投資した商品は、新しい制度の外枠で、現行制度における非課税措置を適用 ※現行制度から新しい制度へのロールオーバーは不可	

※1　非課税保有期間の無期限化に伴い、現行のつみたてNISAと同様、定期的に利用者の住所等を確認し、制度の適正な運用を担保

※2　利用者それぞれの非課税保有限度額については、金融機関から一定のクラウドを利用して提供された情報を国税庁において管理

※3　金融機関による「成長投資枠」を使った回転売買への勧誘行為に対し、金融庁が監督指針を改正し、法令に基づき監督及びモニタリングを実施

※4　2023年末にジュニアNISAにおいて投資した商品は、5年間の非課税期間が終了しても、所定の手続きを減ることで、18歳になるまでは非課税措置が受けられることとなっているが、今回、その手続きを省略することとし、利用者の利便性向上を手当て

※出典：金融庁

いつでも口座開設できて
いつまでも運用を続けられます。
自由度大幅UP!

03

条件を観察するとスタンスが見えてくる

投資初心者にぴったり！つみたて投資枠

●つみたて投資枠では対象商品を積み立てる

つみたて投資枠は、主に投資信託の積立を行う口座です。自分で都度タイミングを計って購入（スポット購入）することはできません。対象商品はつみたてＮＩＳＡ同様に250本程度から始まる見込みです。

金融庁はつみたて投資枠（つみたてＮＩＳＡ）で運用できる商品にいくつかの条件を定めています。運用できる期間が無期限や20年以上あること、手数料が低いこと、分配の頻度が毎月ではないことなどが挙げられます。条件を満たす商品を提供する運用会社が申請を行い、承認されると、つみたて投資枠の対象商品になります。

●他の口座での購入の参考にもなる

つみたて投資枠対象商品に求められている条件は、金融庁が国民の資産形成にあたって、満たすべき好ましい要件であると考えていることがうかがえます。

本来であれば、投資は自分で判断をして商品を選ぶ必要がありますし、つみたて投資枠で買える商品だからといって、必ず自分に利益をもたらすとは限りません。

それでも、指定された条件を観察することで、自分で商品を選ぶ際の助けになります。つみたて投資枠の前身ともいえる、つみたてＮＩＳＡ制度の誕生は、投資信託の手数料の引き下げや、王道の投資手法への認知を広げることに一躍を買いました。

はじめて投資を行う人にとって、怖くないと感じる金額で、つみたて投資枠で投資をスタートすることは、最初の選択肢となるでしょう。

また、つみたて投資枠対象商品を成長投資枠でも購入することも後々の選択肢になりそうです。まずは、つみたて投資枠の対象商品にどんな商品があるのか注目しながら商品選定の目を育てていきましょう。

「つみたて投資枠」対象商品の条件（例）

投資先	インデックス運用		アクティブ運用		ETF
	国内	海外	国内	海外	
共通事項	・信託契約期間が無制限または20年以上あること ・分配頻度が毎月でないこと ・デリバティブ取引を行っていないこと（ヘッジ目的除き）				
販売手数料	ゼロ				1.25%以下
信託報酬	0.5%以下	0.75%以下	1%以下	1.5%以下	0.25%以下
その他	ー		・純資産総額が50億円以上 ・投信設定以降5年以上経過		・指定インデックスに連動 ・裁定取引単価が1000円以下

日本にある投資信託
約6000本

つみたて投資枠
対象商品
約250本

つみたて投資枠で
購入できる商品は、
一定の条件を満たして
いるのですね！

幅広い商品や買い方ができる

株式も買える　成長投資枠

●成長投資枠では株式を買う？

成長投資枠では、一般NISA同様に株式や投資信託、ETF、REITなど、より豊富な選択肢で投資を行うことができます。つみたて投資枠と異なり、自分でタイミングを見計らって購入するスポット購入も可能です。

一般NISAと比べると購入できる商品は限定されます。信託期間が20年未満や毎月分配型の投資信託が除外されるなど、投資信託のラインアップは、つみたてNISAやつみたて投資枠に近づく形になります（それでもつみたて投資枠より多くの商品が選べます）。

株式も購入でき、積立だけではなく自分のタイミングでも購入ができ、望めばつみたて投資枠の増強版として使うこともできる、と捉えると良さそうです。

●成長投資枠で積立投資もできる

一般NISAでも見落とされがちでしたが、成長投資枠でも株式に限らず、投資信託の積立投資を行うことができます。

そのため、つみたて投資枠で購入しているのと同じ商品を成長投資枠でも購入して積み立てることや、ボーナスやある程度まとまったお金ができたタイミングで増額することなども可能です。

一般NISAと異なり、一度投資をした資金を運用できる期間も無期限なので、5年以内に運用の区切りをつけなくてはいけないと焦る必要もありません。

つみたて投資枠の年間120万円と、成長投資枠の年間240万円、合計年間360万円全てを積み立てで使うことや、成長投資枠の部分だけは状況に合わせてスポット購入に充てること、投資信託だけではなく株式の購入に挑戦したりすることもできます。資金にゆとりがある際の調整に使いやすそうですね。

「成長投資枠」はどんな枠？

対象商品

一般NISA —除外→
- 高レバレッジ型
- 信託期間20年未満

など

※一般NISAから長期運用に不向きな商品が除外されたようなラインアップ

使い方（例）

①つみたて投資枠と同様に積み立て
②ボーナス月や余裕のある時に追加購入
③株式やREITなどつみたて投資枠で買えないものを購入
など

（①②→ つみたて投資枠対象商品から選ぶ）

つみたて投資枠と同じように運用するという手もあるんですね！

新しいNISAの使い方

〜高い自由度を必要な分だけ使う〜

●最短だと5年で使い切ることもできる

年間投資枠360万円、非課税保有限度額1800万円と、大きな枠を与えられる新しいNISAですが、これらの上限額をあまり意識する必要はないでしょう。

最短で非課税の枠を使い切りたければ、年360万円、月30万円の積立投資を5年間行うと、1800万円の枠を使い切ることになります。以降、投資信託の形のまま、必要になるまでずっと持っておくこともできます。

ただ、価格が変動する商品に月30万円も充てられる人が多いわけではありません。

今回の大幅な制度の拡充は、自分にとってちょうどよい運用をちょうど良いタイミングでできるようになっただけと捉えて、制度を「あますことなく使い切る」という発想は横に置いた方がよいでしょう。制度ではなく、自分の都合にあわせた使い方をしていきましょう。

●上限額を使い切らなくてもいい

「私にとって適正だと感じる投資額は月1万円だ」と感じる人の場合、1800万円を使い切るには150年かかります。事実上使い切れそうにありませんが、誰もが金融商品として1800万円相当を保有する必要があるわけでもありません。

P34でもお話したとおり、どこかの瞬間に大金を作ることが重要なわけではありません。使うまでにまだ日がありそうな予算を金融商品の形で持つだけなので、置き場所として新しいNISAを使いましょう。

なお、つみたて投資枠と成長投資枠は併用できるため、月1万円の投資信託を積み立てている人が「今は少しお金に余裕があるから、今年は株式の銘柄も買ってみよう」といった使い方もできます。今と未来のお金の状況を考えながら、無理のない使い方を探していきましょう。

新しいNISAの使い方（例）

パターン1　5年で全力投資する場合

360万円	360万円	360万円	360万円	360万円	以降そのままずっと運用 →
1年目	2年目	3年目	4年目	5年目	

パターン2　月1万円が適正と感じる場合

12万円	12万円	12万円	……………………使い切らない
1年目	2年目	3年目	

パターン3　たまに株式なども買う場合

余裕がある時に株も買う

12万円	12万円	12万円	……………………
1年目	2年目	3年目	

使い切ることを考えるのではなく、自分に必要な分だけ使いましょう

売却した時はどうなるの？

●翌年枠が再利用可能に

非課税保有限度額1800万円については、売却するとその分が翌年、再利用可能になります。

例えば毎年360万円を投資して5年間が経過すると、1800万円を使い切りますが、一部を売却すると、その分だけ翌年以降、再び投資を行うことができます。再び投資できる金額は、購入した時の金額にあたる「簿価」で計算します。

購入時100万円分の口数を売却した場合、売却時の評価額（時価）が150万円であっても再び投資を行うことができる枠として復活するのは100万円分です。

投資信託を積み立てて購入している場合、毎月同じ金額を購入しても月によって評価額も口数も異なります。積み上げてきた資産を売却し復活する枠の計算は、それまで積み立ててきた平均の取得額で計算します（簿価残高方式）。

先に購入した投資信託の口数分から優先して売却し、その分の「簿価」で枠が復活するという考え方ではありません。

●成長投資枠とつみたて投資枠は別管理

成長投資枠とつみたて投資枠の簿価は別々に管理します。そのため2つの枠で同じ商品を購入していても、毎月の購入額や購入期間が違うと、2つの枠での平均取得額は異なることになります。一部売却した場合に復活する翌年の金額は、それぞれの枠での平均取得額を元に計算することになります。

なお、非課税保有限度額は翌年再利用ができますが、年間投資枠の360万円は再利用できません。ある年の最中に売却しても、年間で360万円を超える投資ができるケースはありません。

売却すると翌年、簿価で復活

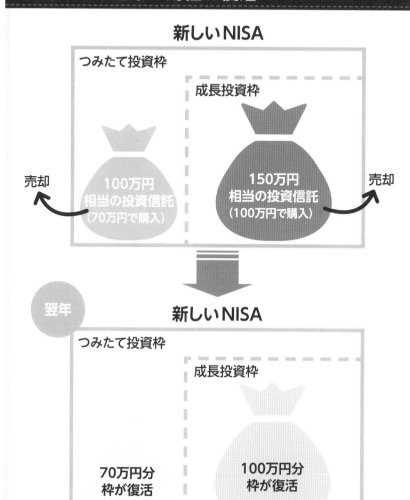

新しいNISA

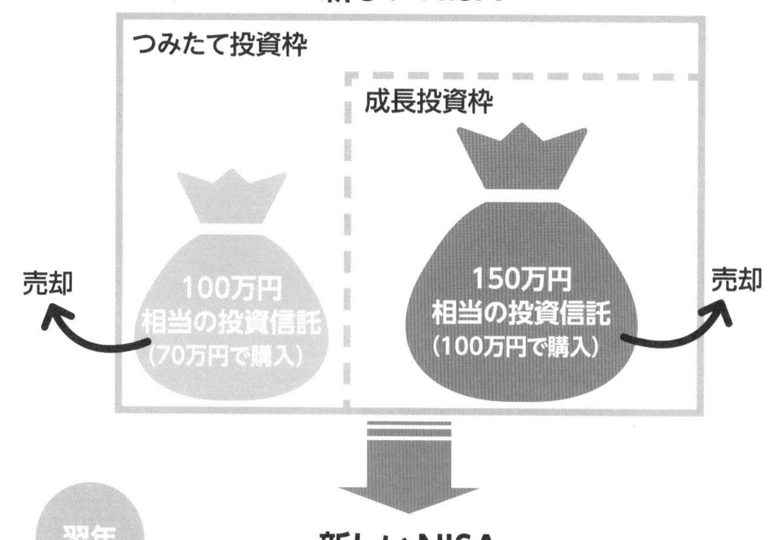

翌年

新しいNISA

つみたて投資枠

成長投資枠

70万円分
枠が復活

100万円分
枠が復活

積み立て投資を行ってきた分の
売却による復活はそれまでの
平均取得額で計算します

旧NISAを使っていた人はどうなる？

残りの運用期間を確認しよう

●「投資」と「運用」を区別して理解

2023年までのNISAで投じた資金については、これまでの制度に則って運用を続けることができます。

「これまでの制度」を正しく理解するために、よくある誤解についてご紹介しておきます。「一般NISAは5年間投資ができ、つみたてNISAは20年間積立投資ができる」これは、よくある誤解です。

正しくは、「一般NISAはある年に投資した資金を5年間非課税で運用ができ、つみたてNISAはある年に投資した資金を20年間非課税で運用できる」となります。投資できる期間が5年や20年なのではなく、非課税で運用できる期間が最大5年や20年ということです。

「投資」はある年に資金を投じること、「運用」は投資した資金を金融商品の形で持ち続けていることを指していると考えると理解がしやすくなります。

●それぞれの資金の運用可能期間をチェック

つまり、過去に一般NISAで投じた資金はそれぞれ最長5年、つみたてNISAならそれぞれ最長20年、運用をそのまま続けることができるということです。

例えば2023年に一般NISAで投じた資金があれば2027年まで、つみたてNISAで投じた資金があれば2042年までは運用を続けられます。

それより前に投じた資金も、年ごとに、いくらどの銘柄に投資をしていて、あと何年、非課税での運用ができるのかを確認しましょう。

5年や20年の非課税保有期間が終わるまでに、売却をするのか、そのまま持ち続けて課税口座でも運用を続けるのか、非課税保有期間が終わる直前の頃に売却してその資金で同じ銘柄を新しいNISAで買うのか、などの対応を検討する必要があります。

従来のルールで運用を続けられる

投資　**資金を投じること（1回）**

運用　**投資した商品の保有を続けること**

一般NISAは最長5年
つみたてNISAは最長20年、運用を続けられる

一般NISA

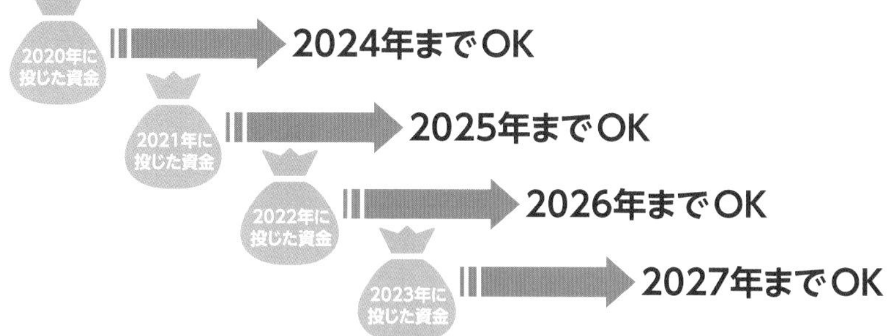

つみたてNISA

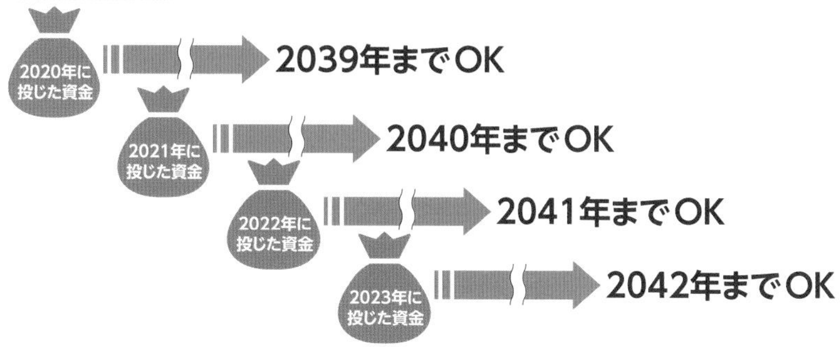

残る運用期間をチェックして売却や保有継続を考えましょう

損が出る時は要注意！

NISAの損も得も数えない仕組み

●運用中に値が下がったら？

これまでのNISAの残された非課税保有期間での対応を考える上で、知っておきたいNISAの特徴があります。それは、利益が出た時にも課税はされませんが、損失が出た時にもカウントされないという特徴です。

一般NISAの例で見てみましょう。ある株式を100円の時に購入し、今、5年が経過しようとしています。非課税保有期間が終了しても、保有を続ける場合、通常の課税口座に移管されます。この時の株価が仮に80円に下がっていた場合、80円で購入したものとして、以降の管理を続けることになります。実際には100円で購入した株式でも、取得価格は移管されるタイミングの価格に更新されます。

●利益がないのに課税される

その後、株価が100円に回復し売却した場合、80円で購入したものが100円になったとみなすため、20円利益が出たことになります。

結果、約4円の税金を納めることに。100円で買って、100円で売ったため、実際には利益は出ていませんが、4円の納税を行うわけです。

このようにNISA口座では、非課税保有期間を終え課税口座に移管される際、取得価格がその時の評価額に置き換わる特徴があります。期間終了時に利益と損失を精算する形ですね。

新しいNISAは非課税保有期間が無期限のため、事実上こうしたことが起こりません。

また、通常の課税口座では、損失が出た銘柄と利益が出た銘柄を合算（内部通算や損益通算）して税金を計算することができますが、この仕組みも使えません。これは新しいNISAも同様です。

これまでのNISAの対応のために知っておきたい特徴

非課税保有期間終了時に取得価格が変更される

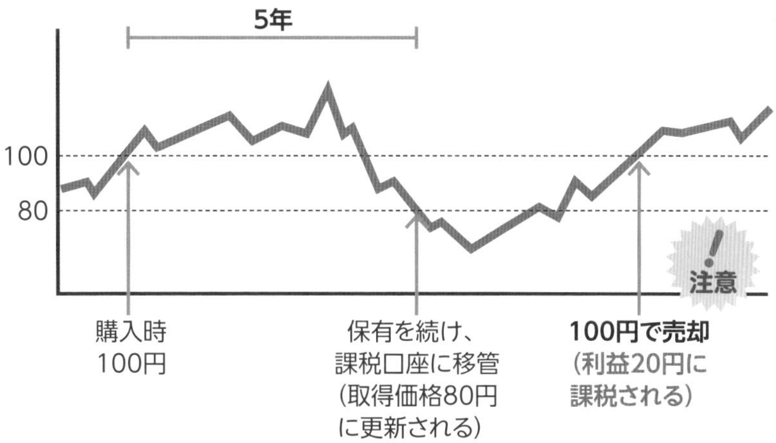

内部通算や損益通算はできない

運用期間に期限があるため
損得を数えない特徴を意識した
判断が必要になります

SECTION 09 2019年以降に投資した資金はどうなる?

最長5年を10年にする方法は消滅

●新しいNISAにロールオーバーはできない

2023年までのNISAは2023年までのルールのもと、非課税での運用を続けることができるとお伝えしました。ところで、従来の一般NISAには非課税保有期間が終える翌年に新たに発生する枠を使って非課税保有期間を延長できるロールオーバーという仕組みがありました。このロールオーバー、一般NISAから新しいNISAに対して行うことはできません。

2018年に一般NISAで投資をした資金は通常は2022年で非課税期間を終えますが、2023年の一般NISAの枠で受け取って、運用期間を5年延長している人もいるかもしれません。その資金も2023年に一般NISAで新たに投じた資金と同様に2027年までの運用が最長となり、それ以上運用期間を延ばすことはできません。

●2019年以降に投じた資金はロールオーバーできない

2019年に一般NISAで投じた資金は2023年で5年間の非課税保有期間が終了します。その翌年は2024年のため、もう新しいNISAが始まっています。この口座に5年間運用してきた資金を受け取ることはできません。つまり、2019年以降に一般NISAで投資をした資金は、事実上もうロールオーバーはできないということです。残された非課税期間の中で運用の終え方を考える必要があります。

一般NISAにしても、つみたてNISAにしても、非課税保有期間があとどのくらい残っているか、注意を払う必要があります。2019年以降に一般NISAで投じた資金については特に運用期間が短いため、注意してください。なお、つみたてNISAには元々ロールオーバーの仕組みはありません。

一般NISAのロールオーバー

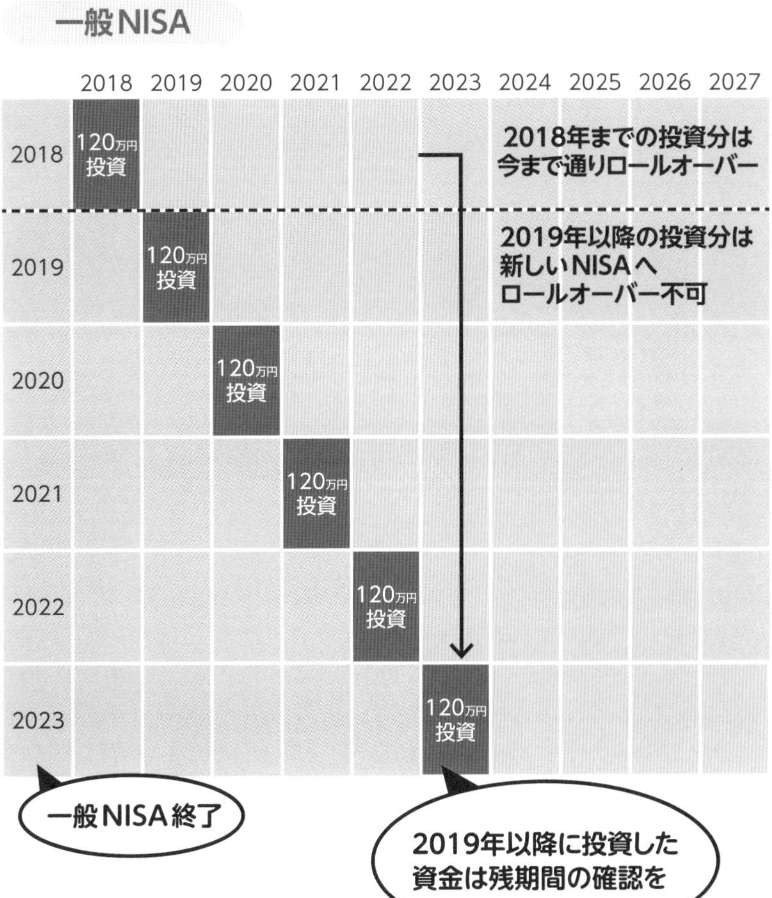

一般NISA

	2018	2019	2020	2021	2022	2023	2024	2025	2026	2027
2018	120万円投資									
2019		120万円投資								
2020			120万円投資							
2021				120万円投資						
2022					120万円投資					
2023						120万円投資				

2018年までの投資分は今まで通りロールオーバー

2019年以降の投資分は新しいNISAへロールオーバー不可

一般NISA終了

2019年以降に投資した資金は残期間の確認を

一般NISAでの投資分は
残る運用期間が短いので
しっかりチェックしましょう

iDeCoとはどんなもの？

●3回の税制優遇があるiDeCo

NISAの他にも、個人型確定拠出年金・iDeCo（イデコ）という税制優遇口座があります。

iDeCoには、積み立てる時（拠出時）、運用中、受け取り時（給付時）、の3回のタイミングで税制優遇が受けられる仕組みがあります。

拠出時は、拠出した金額すべてが所得控除の対象となり、現役時代の所得税・住民税の減税につながります。

運用中はNISAなどと同様、投資で得た利益が非課税※となり、課税されなかった金額も投資の原資となることから、資産を増やしやすい効果が期待されます。

給付時は一括で受け取る場合は退職所得控除が、分割で受け取る場合は公的年金等控除が利用でき、課税されづらい仕組みになっています。

●拠出時のメリットは大きい

NISAは売却したり引き出したりする際、そもそも課税の対象になりません。iDeCoの給付時には、各種控除が利用できるとはいえ、拠出額が大きい場合や、著しく資産が増加した場合には、課税対象になりうるという点は把握しておく必要があります。

一方で、拠出時に所得控除になり、給付時に各種控除を使って税額を計算できることをセットで考えると、課税される時期を繰り延べる効果があるといえます。通常、現役時代の方が税率が高いため、メリットはあります。

なお、iDeCoでは定期預金などの、元本確保型商品を選択することもできます。月2万円、年間24万円拠出した場合、所得税率5％の人で年間3・6万円の減税になるため、手元資金に余裕がある人は、預貯金の代わりにiDeCoを検討するという選択肢もあります。

※本来かかる特別法人税1.173％が当面の間凍結されています。

iDeCoとはどんなもの？

iDecoの3つの税制優遇

拠出時（払った時） 拠出額が全額所得控除になる

運用中 NISAなどと同様に運用益非課税※

受給時（受け取る時） 退職所得控除や公的年金等控除の対象になる

拠出時の所得控除とは

例えば年収400万円所得税率5％の人が
月々2万円、年間24万円を拠出した場合

所得税が1.2万円（24万円×5％）

住民税が2.4万円（24万円×10％）

の合計**3.6万円**（24万円の15％）減税されます。

NISAの税制優遇に加えて、現役時代の減税につながるとも考えられますね

iDeCoの受給時は課税対象

〈NISAと異なる特徴に注意〉

●一括で受け取る場合は退職所得控除

iDeCoはNISAと違い、受け取る時（受給時）は課税の対象になります。しかし、一括で受け取る場合は「退職所得控除」、分割で受け取る場合は「公的年金等控除」が利用でき、受け取り方次第では、課税の対象にならないケースも多いでしょう。

退職所得控除はiDeCoの加入年数や、勤務先の勤続年数に応じて積み上がっていく控除です。20年未満の場合は、1年あたり40万円、20年以降は毎年70万円積み上がるような計算をします。

例えば、加入年数が30年だと退職所得控除は1500万円（40万円×20年＋70万円×10年）となり、この金額までの受給であれば税金はかかりません。

なお、控除額を上回る金額は半分だけが課税対象の退職所得になります。

勤続年数やiDeCo加入期間が長ければ、まとまった金額が非課税で受給できるわけです。ただし、勤務先の退職金が多い場合などは控除額を超えて課税対象となる可能性があるため、受け取り方の工夫が必要です。

●分割で受け取る場合は公的年金等控除

分割で受け取る場合は公的年金等控除が利用できます。これは、公的年金とあわせて利用することになります。65歳未満の場合、年間60万円以下であれば全額控除となり非課税、65歳以上の場合、年間110万円以下であれば事実上非課税となります。

自分で拠出してきた資金が課税対象となる可能性があるわけなので、新しいNISAの方が気軽です。一方で拠出時の所得控除という現役時代の減税につながるメリットもあるわけです。

iDecoの受け取り（受給）時に使える優遇

一括受け取りの場合

退職所得控除額の計算の表

勤続年数(＝A)	退職所得控除額
20年以下	40万円×A　※80万円に満たない場合には、80万円
20年超	800万円+70万円×(A－20年)

(一括受給額・退職金など － 退職所得控除額) × $\frac{1}{2}$ ＝ 退職所得の金額

分割受け取りの場合

公的年金等に係る雑所得以外の所得に係る合計所得金額が1,000万円以下		
年金を受け取る人の年齢	(a)公的年金等の収入金額の合計額	(b)公的年金等に係る雑所得の金額
65歳未満	60万円以下	0円
	60万円超 130万円未満	収入金額の合計額−60万円
	130万円以上 410万円未満	収入金額の合計額×0.75−27万5,000円
	410万円以上 770万円未満	収入金額の合計額×0.85−68万5,000円
	770万円以上 1,000万円未満	収入金額の合計額×0.95−145万5,000円
	1,000万円以上	収入金額の合計額−195万5,000円
65歳以上	110万円以下	0円
	110万円超 330万円未満	収入金額の合計額−110万円
	330万円以上 410万円未満	収入金額の合計額×0.75−27万5,000円
	410万円以上 770万円未満	収入金額の合計額×0.85−68万5,000円
	770万円以上 1,000万円未満	収入金額の合計額×0.95−145万5,000円
	1,000万円以上	収入金額の合計額−195万5,000円

自分で積み立て（拠出）た
お金に課税の可能性があるため、
受け取り（受給）方は工夫したいです

iDeCoとNISAは併用できる

＼余裕がある人は併用も有利／

●iDeCoで拠出できる金額には上限がある

前ページで紹介したiDeCoですが、拠出できる金額には上限があります。会社勤めの方は、会社の年金制度に応じて月1・2万円、2万円、2・3万円のいずれかが上限（2024年12月からは上限月1・2万円だった人も月5・5万円－会社の拠出額・上限月2万円に）。フリーランスなどの自営業者は月6・8万円までです。

iDeCoは口座開設や維持に手数料がかかるため、特に会社員の場合、できれば上限額まで拠出して、手数料の割合を相対的に抑えたいところです。

自営業者の上限額月6・8万円は金額が大きいため、無理しすぎないように調整した方がよいでしょう。ただ、拠出した金額が全額所得控除になるiDeCoの特徴は、所得額や納税額を気にする自営業の方ほど、上手に生かせると有利になります。

●iDeCoとNISAどちらを優先？

NISAで運用できる金額が少なかった2023年まではの優先順位をつけてiDeCoとNISAの併用がおすすめでした。しかし2024年以降のNISAでは年間360万円の投資、運用の継続は1800万円まで可能となり、使い切れない人もいるかもしれない大きな枠になっています。

基本的にはNISAでの運用を中心に考え、次のような人はiDeCoの併用も考えるとよいでしょう。年収700万円以上で所得税率が高く節税を行いたい人、順調に蓄財が進んでいて60歳までに1800万円の枠を使い切りそうな人、すぐに引き出せる形だと取り崩してしまいそうな人、投資がどうしても怖く節税をしながら定期預金などで老後資金の準備をしたい人。これらに該当すれば併用を検討するとよいでしょう。

iDecoの上限額と有限なシーン

iDecoの拠出限度額

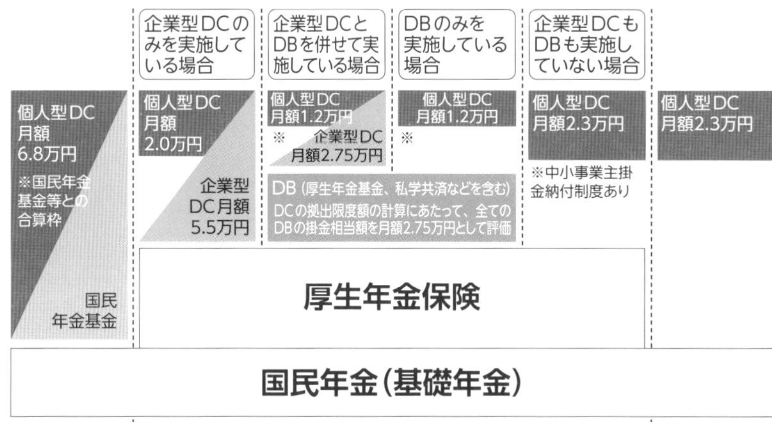

※2024年12月から「月5.5万−会社の拠出額」（上限2万円）に。

基本は新しいNISA1本でもOK
ただし、こんな人にはiDeCo併用もgood

- 所得税率が高い
  （年収700万円以上・所得税率20％以上など）
- 60歳までに新しいNISAの1800万円を使い切りそう
- 手元にお金があると使ってしまう人
- 投資が怖くて定期預金ならできそうな人

20代、30代でiDeCoを行う人は貯蓄が500万円程度できてからがおすすめです。（60才まで引き出せないため）

今から投資を検討したいなら

はじめて投資する人におすすめの制度は？

●新しいNISAの「つみたて投資枠」が大本命

使い切れない人も多いくらいの大きな枠が与えられた、新しいNISA。単身でも1800万円、夫婦だと合計3600万円となり、「運用は新しいNISAだけ」としても充分な規模感があります。

新しいNISAの「つみたて投資枠」で積立投資を行うことが、はじめて投資する人がまず検討する制度・投資方法と言えそうです。

年間120万円、月に直すと10万円の枠がありますが、上限額いっぱい使い切る必要はありません。月100円や1000円からでも良いので、自分が怖くないと感じる金額からスタートしましょう。値動きの様子がわかってから増額しても良いのです。

「つみたて投資枠」で毎月3万円など、まとまった金額が投資できるようになったら「成長投資枠」の検討をしてみましょう。成長投資枠を使わず、つみたて投資枠を満額使うまでステップアップしていく判断ももちろんOKです。

●成長投資枠やiDeCoはどう使う？

「成長投資枠」では株式なども購入できますが、つみたて投資枠と同じ商品の増額に使うのも良い方法です。商品の条件はつみたて投資枠の方が厳しいため、選びやすいでしょう。ボーナスが出た時や貯蓄に余裕が出た時など、自分の状況に合わせて都度多めに投資するのもよい活用方法です。

投資がどうしても怖い人は、iDeCoで定期預金を行うのも1つの選択肢。30代までの若い世代は貯蓄が500万円貯まってから。40代後半以上の人は、老後が迫っているので、60歳まで引き出さなくて済む予算はiDeCoで強制的に貯蓄を行うことも有効です。

制度のおすすめ順

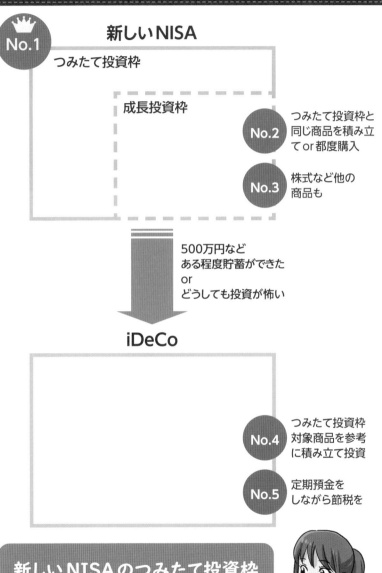

No.1 新しいNISA

つみたて投資枠

成長投資枠

No.2 つみたて投資枠と同じ商品を積み立てor都度購入

No.3 株式など他の商品も

500万円など
ある程度貯蓄ができた
or
どうしても投資が怖い

iDeCo

No.4 つみたて投資枠対象商品を参考に積み立て投資

No.5 定期預金をしながら節税を

新しいNISAのつみたて投資枠から始めるのがおすすめです

フリーランスは自分の備えを手厚めに

フリーランスが利用できるその他の私的年金制度

●所得控除の恩恵を考える

基本的には多くの方の投資・運用の第一候補は新しいNISAのつみたて投資枠と言えます。ただ、フリーランスなど自営業者の場合は、将来の公的年金の受給額が少ないため、その他の制度も一考の余地があります。

毎年売り上げや所得が変動し、所得に応じた納税があることを考えると、所得控除の恩恵が大きい制度を有効に活用したいところです。

自営業者のiDeCoは月6・8万円・年間81・6万円まで拠出できるとお話しました。この金額は、付加保険料や国民年金基金の拠出額と合わせた上限額となります。

付加保険料は国民年金保険料に上乗せして月400円多く払う仕組み。受給時には拠出した月数×200円が年金（年額）に上乗せされます。つまり、2年間受給するとモトが取れる仕組みになっています。

国民年金基金は年齢や口数、プランによって異なりますが、終身受け取ることができる（亡くなるまで受給できる）金額を上乗せできる制度です。

●小規模企業共済も併用できる

その他にも小規模企業共済という制度があり、こちらはiDeCoなどとは別で月1000円〜7万円の間で拠出することができ、同様に全額所得控除になります。20年以上加入すれば元本は割れません。

このページで紹介した制度はいずれも拠出額が全額所得控除になりますが、受給時には課税の対象になります。またiDeCoと異なり、制度のルールで計算されて給付される（確定給付）仕組みです。

今の節税と将来の備えのバランスを考えながら組み合わせて利用できると良いでしょう。

フリーランスの私的年金制度

	iDeCo	付加年金	国民年金基金	小規模企業共済
拠出額（月額）	5,000円〜6.8万円	400円	年齢・プラン・口数による	1,000円〜7万円
拠出上限額	合計で年間81.6万円			年間84万円確定拠出年金等とは別
所得控除の欄	小規模企業共済等掛金控除	社会保険料控除	社会保険料控除	小規模企業共済等掛金控除
受給額	運用次第	納付月数×200円が上乗せ（年額）	1〜2万円+α口数によって異なる	掛金の80〜120%など加入期間に応じる
運用方針	自分で決める（確定拠出）	決まっている（確定給付）	決まっている（確定給付）	決まっている※20年以上加入で元本確保（確定給付）
現役時代の貸付制度	なし			積立額と貸付事由に応じて可能
受給期間	定期	終身（一生）	終身（一生）	定期

所得の変動が大きく公的年金が少ないフリーランスは、他の制度も検討しましょう

COLUMN

制度のためではなく自分のための運用を

3章では「新しいNISA」の特徴を中心に、その他にも選べる制度のご紹介をしてきました。自分で運用方法を決め利益への課税が優遇されるNISAやiDeCo(投資信託)、運用結果がある程度読めるiDeCo(定期預金)、付加保険料、国民年金基金、小規模企業共済。拠出額が所得控除されるのか、受給は定期（有期）なのか終身（ずっと）なのかなど、制度によって特徴もバラバラです。

「より有利に」とこだわると、上限額目一杯拠出することや、公的年金ではいつ受け取ると損なのか得なのか、ということを考えたくなりますが、私たちに重要なのは「自分たちの家計が立ちゆかなくなるタイミングは来ないかどうか」という点です。

各制度の理解を深めることは大切ですが、最大の額・最大の得を目指すことが目的ではありません。P.34〜37で紹介したように貯蓄の残高推移を整理して、自分たちが困るタイミングが来ないようにすることが目指すべきバランスです。そのために有利になる制度を、自分の必要なバランスで使いこなしていきましょう。「最も得」や「最も有効」を目指さなくて良いのです。

新しいNISAでNISAが大幅改訂されることは、私たちに本当の意味での「資産の置き場所」が生まれたということに他なりません。

使い切れないかもしれない大きな枠、無期限の口座開設期間・運用期間と、利用できる人にとっては制度の制限がほぼない状況が生まれます。

稼ぎ、使い、残すことに成功した資産は一部形を換えて適切な資産の置き場所に保管する。自分にとって必要な分だけを使う。そうやってうまく制度を活用していきたいですね。

CHAPTER 04

NISAの始め方

居酒屋
いろり庵
5F
コンタクト・メガネ
4F
SmileSuitCompa
5F

昨日は妻と家計の相談をした

今うちの家計は…
わ～ちゃんと家計簿付けてるなんてすごいよハニー！

じゃあこのくらいは預金に回せるね
今日も帰ったら詳しく詰めていこう

資産計画楽しくなってきたぞ～
すっ

花田さんようやくここまできましたね！
わあ！

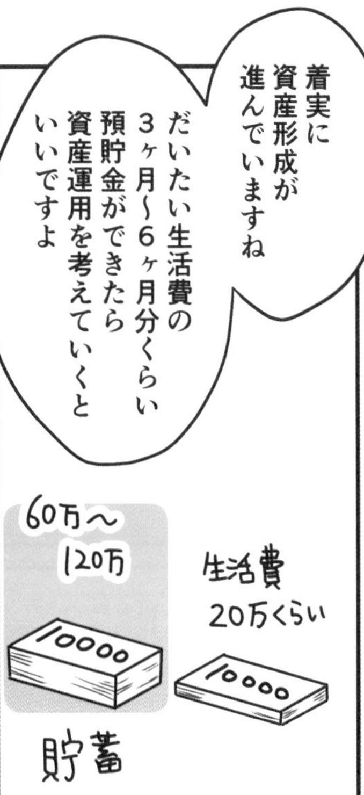
着実に
資産形成が
進んでいますね
だいたい生活費の
3ヶ月～6ヶ月分くらい
預貯金ができたら
資産運用を考えていくと
いいですよ
60万～
120万
生活費
20万くらい
10000
10000
貯蓄

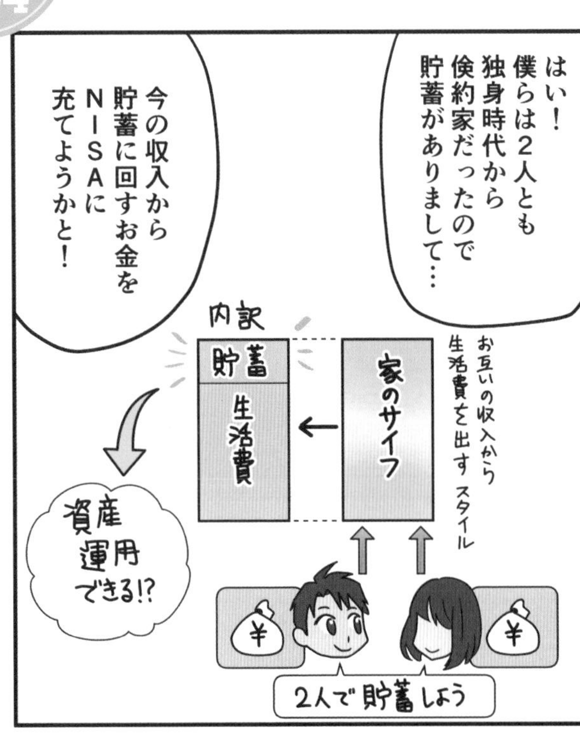
はい！
僕らは2人とも
独身時代から
倹約家だったので
貯蓄がありまして…
今の収入から
貯蓄に回すお金を
NISAに
充てようかと！
内訳
貯蓄
生活費
家のサイフ
お互いの収入から
生活費を出す スタイル
資産
運用
できる!?
¥
¥
2人で貯蓄しよう

…ということは
今の収入から
もともと余っている
お金を回そうとして
いるんですか？
そうですね

では
もう一段階
考えてみませんか
もう一段階？

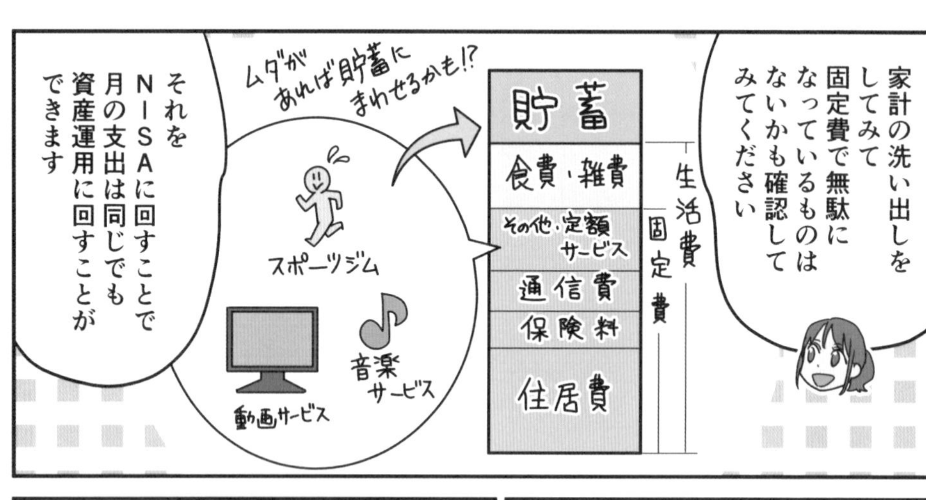
家計の洗い出しをしてみて固定費で無駄になっているものはないかも確認してみてください
生活費
固定費
貯蓄
食費・雑費
その他・定額サービス
通信費
保険料
住居費
ムダがあれば貯蓄にまわせるかも!?
スポーツジム
音楽サービス
動画サービス
それをNISAに回すことで月の支出は同じでも資産運用に回すことができます

なるほどね〜
こういう家計の見直しも立派な資産形成ですから!
さあ!ここまできたら次は金融機関選びですね!

ふふふ新山さん!僕もそう思って
ごそ…

今日の昼休みに会社近くの金融機関を回ってパンフもらってきました!
ばーーん
○○証券
○○銀行
△△証券
銀行

まあ！
素晴らしいですね！
ふふ…

今日は
これを見ながら
妻と資産について
話そうと思って
ましてね…
本当に
仲がよろしい
ですねー

花田さん…
ここまでご自分で
行動できるように
なるなんて…
ぱあぁ
私もここまで
ご支援してきた甲斐が
ありました…

…で
金融機関って
何を基準に選んだら
いいんですかね！
がくっ

証券会社も
数が多くて
さっぱりです
ええと
取り扱っている
商品や手数料など
見てですね…
まだまだ
教えることは
ありそうですね…

まずは貯蓄習慣の確立から

いくら貯まったら投資を始める？

●まずは生活費の3〜6ヶ月分を貯蓄

「いくら貯蓄をしていたら投資を始めてよいでしょうか」と、ご質問いただくことがよくあります。

目安としては、預貯金が生活費の3ヶ月から6ヶ月分を上回る頃から、投資を検討することができそうです。

例えば生活費に月20万円使っている人であれば、60〜120万円の貯蓄があると、投資を検討しやすくなります。転職をする際に雇用保険の基本手当（失業手当）の給付制限がある場合の生活費や、病気をした時の費用などについて、このくらいの予算がすぐに使えるように備えてあると対応しやすくなるからです。

●保有資産や積立予算の5〜10％を投資

生活費の3ヶ月〜6ヶ月分の預貯金を上回る金額すべてを投資に充てるのは、怖いと感じる人も多いでしょう。

もし預貯金がこの水準に達したら、自分が保有している資産か、毎月積み立てる金額の5〜10％程度を投資に振り分けることは、比較的取り組みやすいでしょう。

例えば預貯金が100万円ある人が5〜10万円を投資に充てることや、毎月5万円の貯蓄をしている人がそのうち2500円〜5000円だけ預貯金ではなく投資信託を積み立てて購入するといったイメージです。

全体の預貯金や金融商品などの資産が増えてきたら、その割合を2割3割と上げていっても良いですね。

どうしても投資をすることに不安を強く感じやすい人は、預貯金が500万円くらい貯まるまで保留にしても大丈夫です。500万円あれば、結婚や住宅購入の頭金など、大きなライフイベントまでまかなえるため、さらに投資に挑戦しやすい体制が整うからです。生活を守るための貯蓄ができたら、投資の「検討」を始め、500万円を超えてきたら積極的に考えるイメージです。

投資を始める貯蓄の目安

0円〜生活費2カ月分

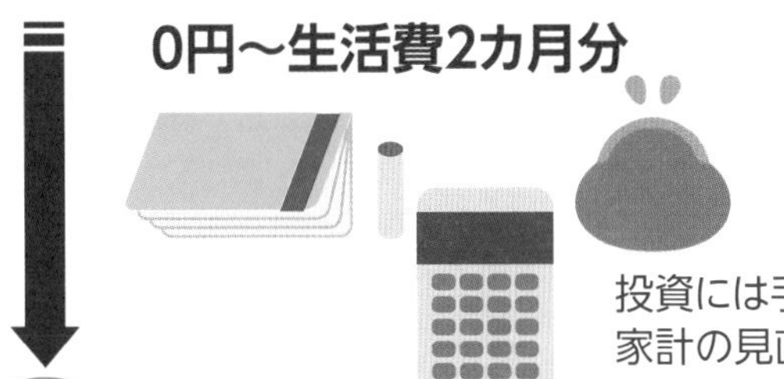

投資には手を出さず
家計の見直しを優先

貯蓄額

生活費3〜6か月分

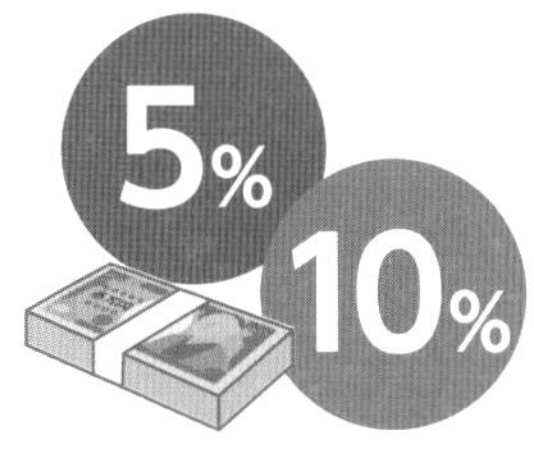

貯蓄額や積立額の
5〜10%の投資を検討
(保留も可)

貯蓄額

500万円

積極的に投資を検討する

貯蓄ができるようになるまで
投資は保留でも大丈夫です!

トレーニングにも最適

月100円や、ポイントでも投資できる

●目安はあるけど100円ならどう?

投資をスタートするための預貯金の目安として、生活費の3~6ヶ月分と、大きなライフイベントがまかなえる500万円という2つの目安をご紹介しました。

一方で、今は、投資信託が100円から購入できる証券会社もあり、かなりリスクを限定して挑戦できる環境になっています。

既にお伝えしたとおり、通常の取引では、投資した金額以上に損失を被ることはありません。100円しか投資をしなければ、損失も100円の範囲に抑えられます。

そう考えると、貯蓄額にこだわりすぎず、月100円など、自分にとって本当に怖く感じない金額までハードルを下げて、「とりあえずスタートしてみる」のも一案です。

この場合、頭の中で100倍して、「毎月1万円投資をしていたら、このくらいの価格変動があるのか」と資産の評価額の増減や、その時の自分の感情を観察してみるのも良いトレーニングになります。

●ポイントでも投資できる環境に

現金を投資に充てると、どうしても損をしたという印象を強く感じてしまいそうであれば、ポイントを使って投資ができる環境も広がっています。

ポイントを使ってNISA口座で投資信託を積み立てることや、クレジットカードで積立投資を行うとポイントが付与されるなどの取り組みも広がっています。

新しいNISAでも同様の取り組みが期待されるので気にしてみると良いですね。

基本的には取り扱い商品などで選びたい証券口座ですが、提携しているポイントも確認しておくと、おまけを獲得できるかもしれません。

100円でもポイントでも投資できる!

100円で投資できる証券会社

- SBI証券
- 楽天証券
- マネックス証券
- 松井証券　など

各証券会社の提携ポイント（例）

証券会社	貯まるポイント	用途例
SBI証券	Tポイント、dポイント、Vポイント、JALマイル、Pontaポイント	Tポイント、Pontaポイントでの投資も可能
楽天証券	楽天証券ポイント	投資信託を買ったり、JALマイルに交換できる
マネックス証券	マネックスポイント	投資信託を買ったり、dポイント、Amazonギフトカード、Tポイント、Pontaポイント、nanaco、ANAマイル、JALマイルに交換できる
松井証券	松井証券ポイント	投資信託を買ったり、PayPayポイント、dポイント、Amazonギフトカードに交換できる

ポイントはあくまでおまけですが、普段貯めているものが貯められたり使えたりすると嬉しいですね

投資の原資を作る方法

●削った固定費の分だけ投資をする

ポイントや月100円から投資ができること、5〜10%だけ投資に充てることなどをお伝えしてきましたが、新しいNISAをはじめる際、こんな考え方もできます。

新しいNISAのつみたて投資枠は年間120万円まで非課税で投資ができる制度なので、月10万円までの投資が行える計算になります。

つみたて投資枠の積み立て頻度は、証券会社によっては毎月以外を選べる（年2回以上）場合もありますが、多くの方が毎月積み立てで取り組むでしょう。

そこで、毎月かかる固定費を削減できた分だけ、つみたて投資枠に充てるという手法がとれそうです。

いきなり最大の月10万円まで到達しなくても、削れた固定費の分だけ振り向けてもよいですね。今まで払っていた金額なので、ストレスも感じにくいでしょう。

●住宅費、通信料、保険料、サブスク？

家庭の3大固定費というと、住宅費、通信料、保険料が挙げられます。これに加えて最近では動画や音楽、スポーツジムなどの定額サービスであるサブスクリプションも代表的な固定費と考えられるようになりました。

あまり通えていないスポーツジムの契約があれば、解約し、つみたて投資枠に充てると、月1万円くらいの投資がすぐに始められることになります。

通信費も、通話や混雑時の通信品質を妥協できる場合、格安SIMに乗り換えることで月5000円程度支出が減る可能性があります。

通帳を半年分や1年分、熟読してみると、払い続けていたけれど意識していなかった支出が見つかることがあります。こうした無意識の支出で削れるものがあれば、無理なく続けられる投資の原資になりますね。

削れる固定費をつみたて投資枠に振替

家庭の3大固定費

通信費

保険料

住居費

+サブスクリプション

音楽　ジム

動画　など

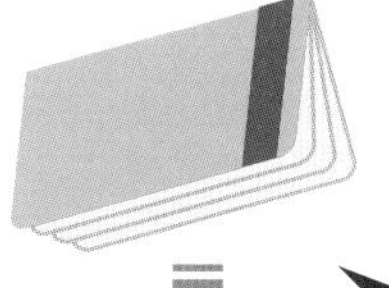

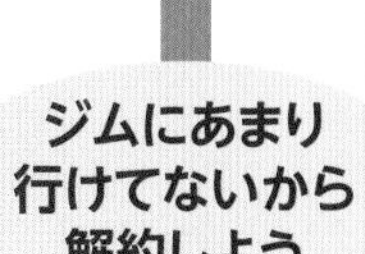

銀行の明細を通帳やWebで確認し、削減できる項目をチェック

ジムにあまり行けてないから解約しよう

浮いた金額をつみたて投資枠に

つみたて投資枠

削れた分だけつみたて投資枠に充てれば、負担も感じにくいですね！

金融機関選定はそんなに難しくない

〜つみたて投資枠だけなら気軽に選んでもOK〜

●どこの金融機関でも一定以上

通常の課税がある口座や、iDeCoなどにおいては金融機関選びが重要になることが多いです。

手数料は1日の取引金額や1回の取引金額で差がありますし、iDeCoでは口座の維持費なども異なることがあります。購入できる商品も金融機関ごとに大きく異なります。

新しいNISAにおいても、口座を開設する金融機関によって商品が数種類程度しかないものから、制度の対象になる商品のほぼすべてが購入できるものなどあり、一見その差は大きいようにも見えます。

ただ、例えばつみたて投資枠の場合、日本にある投資信託約6000本のうち、比較的長期で運用しやすいと考えられる条件をクリアした約250本が投資の対象です。選べる商品が少なくても、そもそも制度の前提として長期投資に向いた商品を選びやすい枠組みになっています。

●つみたて投資枠以外での運用は慎重に比較

一般的に証券会社の方が銀行に比べて商品数が多く、インターネットの方が実店舗よりも手数料が低いことが多いです。となると、通常最初の選択肢はインターネット証券が候補になります。

ただ、窓口で説明を受けながらなじみの銀行で口座開設する方が安心できるという場合、つみたて投資枠の範囲内であれば、それほど悪い選択肢にはならないでしょう。制度の特性上、手数料が抑えられた商品から選択できます。

より選択肢が広がる成長投資枠を利用する場合の商品ラインアップや最低積立金額を比較して、窓口でのアドバイスも理解してから判断するようにしましょう。

金融機関別つみたて投資枠取扱商品数

	日本	国際（内新興国）	バランス	ETF	合計	積立投資の最低金額
SBI証券	43	77（14）	88	0	208	月100円
楽天証券	36	69（13）	90	0	195	月100円
野村證券	5	12（2）	2	0	19	月1,000円
大和証券	5	8（2）	6	7	26	月1,000円
イオン銀行	6	8（1）	6	0	20	月1,000円
三菱UFJ銀行	4	5（1）	3	0	12	月1,000円

※2023年9月23日現在、つみたてNISA対象商品がつみたて投資枠対象商品と同じになると仮定しています

- つみたて投資枠においては取扱商品数が多いことが必ずしも最重要ではありません。
- 成長投資枠で期待する商品が買えるかもチェック

商品数の多さは目安にしつつ、積立投資の最低金額も参考に選ぶとよいですね

1人1年1口座だけ

変更可能だが長く付き合える口座選びを

●毎年変更はできる

新しいNISAの口座は1人につき、年に1口座だけ利用することができます。

年による切り替えは1～9月と10～12月の手続きで異なります。まだその年に非課税枠を使った投資を行っていない場合には、1～9月に手続きを行うことで、その年に利用する金融機関を変更することができます。

既に非課税枠を使った投資を行っている場合には、その年に変更を行うことはできず、翌年の口座を変更する手続きをとることになります。

翌年から利用する金融機関を変更したい場合は、前年の10～12月に手続きを行います。例えば今年は既にA証券で運用をしていて、来年以降B証券で投資をしたい人は、今年の10～12月に切り替えの手続きを行います。

●長く付き合える金融機関が理想的

2023年までと違い「つみたて投資枠」と「成長投資枠」は併用ができるため、使う制度を切り替えるという手続きはなくなります。なお、2つの投資枠を別々の証券会社に持つことはできません。

また、金融機関を変更する場合、それまで保有していた銘柄をそのまま移管することはできません。追加投資をしない場合は、一度売却して、それを原資に、変更した金融機関のNISA口座で再び銘柄を買い直す必要があります。追加投資する場合は、それまでの保有銘柄は、以前の証券口座で、新しく投資する資金は変更後の証券口座で管理することになります。

管理が煩雑になるため、できれば変更せず、長く付き合える金融機関を選べると理想的です。

他の金融機関を使いたくなったら

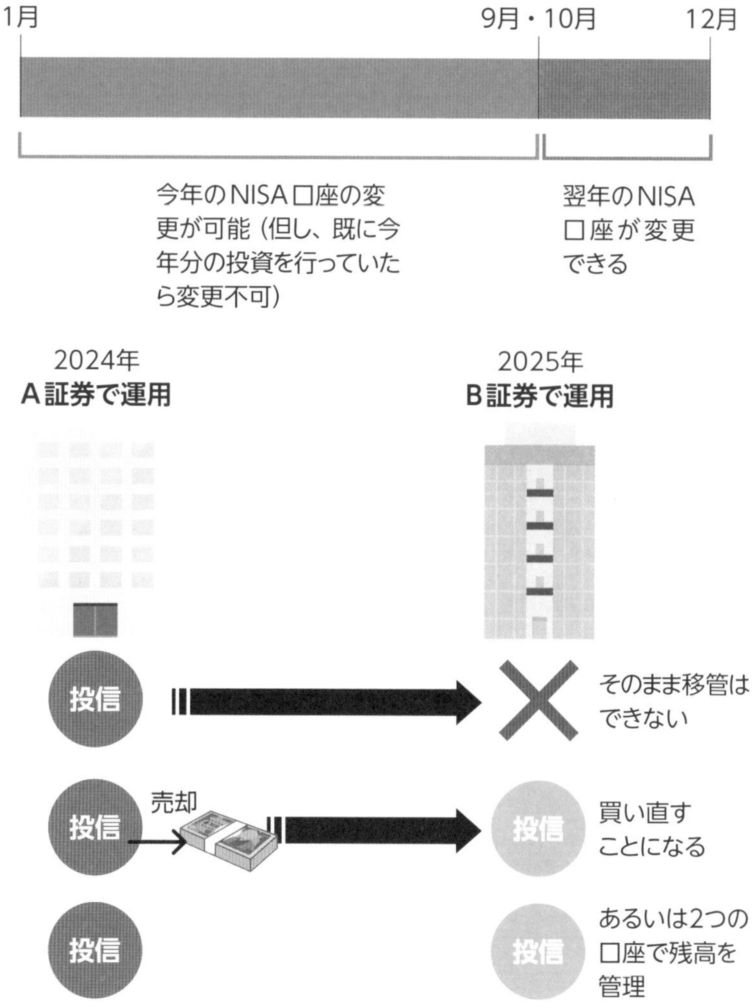

1月　9月・10月　12月

今年のNISA口座の変更が可能（但し、既に今年分の投資を行っていたら変更不可）

翌年のNISA口座が変更できる

2024年
A証券で運用

2025年
B証券で運用

投信 → ×　そのまま移管はできない

投信 売却 → 投信　買い直すことになる

投信　投信　あるいは2つの口座で残高を管理

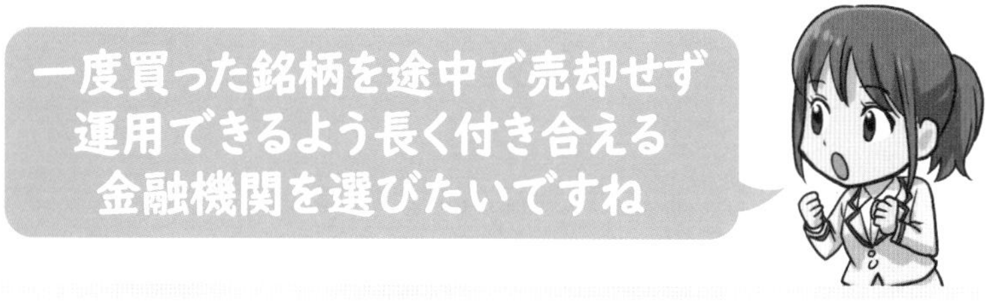

一度買った銘柄を途中で売却せず運用できるよう長く付き合える金融機関を選びたいですね

NISA開設時には証券総合口座も一緒に開設

特定口座？一般口座？源泉徴収？

●つみたて投資枠で投資をしたいだけなのに

いざ、証券会社のホームページなどで、新しいNISAの口座を開設しようとした時に「特定口座と一般口座のどちらを選びますか？」、「源泉徴収の有無はどちらにしますか？」と問われる場面に遭遇します。

これは証券総合口座の種類を選択しています。NISA口座の前に開設する必要がある口座で、証券会社との取引の入り口になるような口座です。NISA以外の取引を行う場合も、証券総合口座を使うことになります。NISA口座だけ開こうと思って手続きをはじめても、課税のある口座についても選択を求められることを予め知っておきましょう。

●特定口座・源泉徴収有りが無難

「一般口座」は投資で得た利益の明細の記帳や管理、利益に対する納税などもすべて自分で行う口座です。

「特定口座」は証券会社が年に1度、その年の取引内容をとりまとめてくれます。

特定口座の中には源泉徴収が「有り」、「無し」の選択肢があります。「有り」の場合は、証券会社が納税手続きを代行してくれるため、自分で確定申告をする必要がなくなります。「無し」の場合は証券会社がまとめてくれた明細を元に自ら確定申告を行う必要があります。

損失が出た場合に繰り越したい、他の証券会社の口座で出た損失と通算したいなどのシーンで確定申告をした方が有利なケースもありますが、これは「有り」を選んでいても、通常は後から対応可能です。

利益が20万円未満だと申告が不要なケースもありますが、住民税にはそうした特例はありません。納税漏れを防ぐなどの観点でも、通常は「特定口座・源泉徴収有り」を選んでおくのが無難でしょう。

課税口座の扱いを決める

証券総合口座

新しいNISA口座

つみたて投資枠

成長投資枠

通常の課税口座

一般口座

特定口座

源泉徴収無し

源泉徴収有り

おすすめ!

新しいNISAの口座以外で投資する際の扱いを決めます

07 長期のつもりで始めて短期売却もOK

一部売却でちょっとした喜びを得てもいい

金融商品は自分が購入した価格よりも高く売れれば利益がでます。ただ、今、利益が出ているように見えても、もう少し待つとさらに利益が出る可能性もありますし、逆にしばらくは値が下がった期間が続く可能性もあります。

未来のことは誰にも読めないため、投資においては短期ですぐに結果を求めてしまうと、疲れてしまうかもしれませんね。10年か20年後、しばらくしてから利益が出てくれたら嬉しい。くらいのスタンスで付き合うのが原則的な考え方です。

しかし、もし、自分が購入して1年や2年、場合によっては数ケ月で、急激に価格が高騰することがあれば、その時は一部の金額だけ売却し、利益を確定しても良いでしょう。絶対に売ってはいけないと思うと身構えてしまいますが、例えば倍以上に値上がりしたら「一部売るのもOK」とすれば、少し気が楽になりますね。ただ、全部は売ってしまわないようにしましょう。

● 王道は長期投資

つみたて投資枠の制度設計は、「分散」「積立」「長期」による投資を推進する内容になっています。

「分散」は資産の形を換えることで複数の性格を持たせ、価値を維持することを目指しています。

「積立」は未来の価格の高い・安いは読めないため、均等に買い付けを続けて取得額を標準化させることや、自動的に続く習慣にして資産を育てることを目指しています。

「長期」は、過去のデータでは運用期間が長くなると成績が収束していく傾向にあることや、短期間で利益を得ることが難しくても、長期間で見ると可能性が高まることなどから推奨されています。

● 明らかに利益が出ていたら売りたい

基本のスタンスは売らない

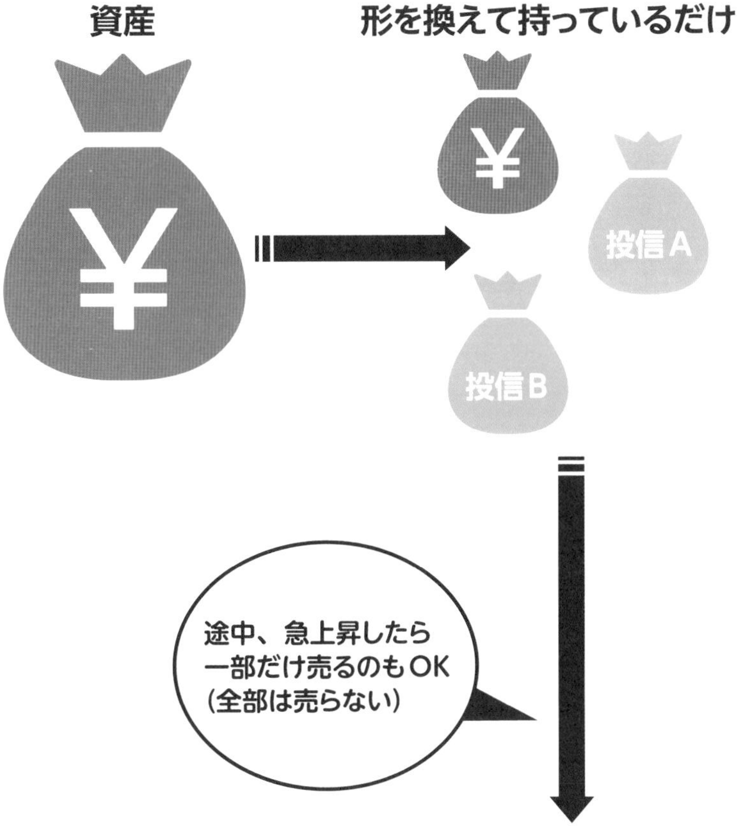

資産

形を換えて持っているだけ

¥

投信A

投信B

途中、急上昇したら
一部だけ売るのもOK
(全部は売らない)

使う予定がないのに売却すると
また運用先を探すことに
なるかもしれません

08 いつから売却？どのように売却？

投じる時と同様に数回にわけて

●基本は売却しない

P46で増やすお金として分類できるのは、10年以上使う予定がないお金だとお話しました。新しいNISAはコツコツ増やすことを目指す投資に該当するためここには10年以上使う予定がない予算を保管する方が適当です。

また、繰り返しお伝えしている通り、投資は「資産の形を換えて保管している」に過ぎません。使う予定が無いのに、無理に売却して現金化する必要はないのです。売却してもまだしばらく使わないのであれば、また新たな投資・運用先を探さなければならなくなります。投資に充てている資産を現金化させないと足下の支払いに困るということは、投資の割合が高すぎるかもしれません。そういう時は一度投資の内容を点検してみましょう。

●売却する時も少しずつ

10年以上使う予定がなかった予算でも、時間が経過して10年以内に使う可能性が出てきたら、少しずつ売却していくと良いでしょう。投資する時と同様に、タイミングを見計らって売却することは難しいと考えましょう。今が高いと思っても、後からもっと評価額が高くなることも考えられます。

今は評価が高そうだと感じる時や、そろそろお金として使いそうだなという時に少しずつ売却していくことも1つの選択肢ですが、定期売却のサービスを提供する証券会社もあります。

定期売却とは定額、定率、定口など一定のルールで毎月自動的に売却して現金化してくれるサービスです。定額での定期売却しか選べないケースや、積立で購入した投資信託しか対象にならないケースなどもありますが、自分が利用する証券会社で提供しているようであれば、検討すると良いでしょう。

一気には売却しない

定額指定

「毎年10万円」など金額で指定する

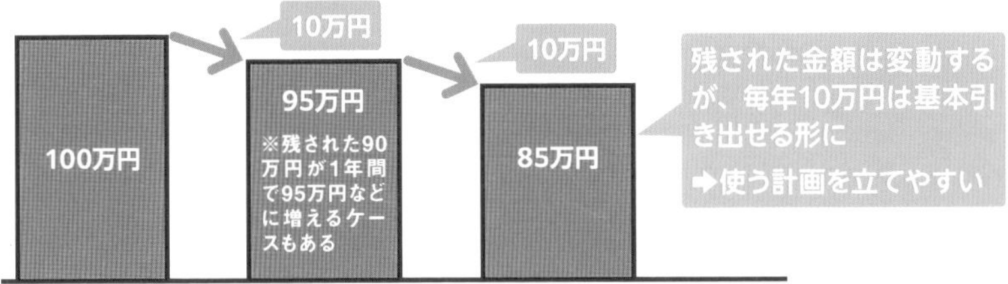

定率指定

「毎年残りの10%」など率で指定する

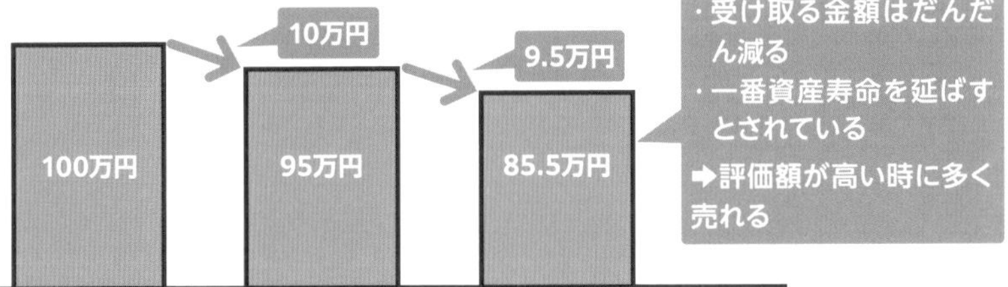

定口指定

「毎年10万口」など口数で指定する

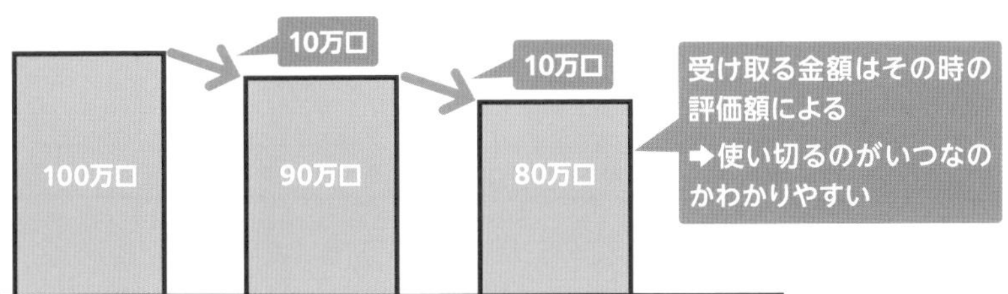

定期売却サービスがない場合も数回に分けた売却の検討を！

09 現在NISAをやっている人は？

口座開設は自動的に

●口座は自動的に開設される見込み

2023年までに一般NISAやつみたてNISAの口座を持っている人が2024年を迎えると、自動的に新しいNISAの口座が作られます。別の金融機関で口座を開設したいと思っている人は、現在の口座を解約して、新しく口座を開設するP128と同等の手続きが必要です。P98でお伝えしたとおり、既に投資している資金については、それぞれ従来制度のルールの中で最長5年（一般NISA）や20年（つみたてNISA）、運用を続けることができます。現在一般NISAで株式への投資を行っている人は、2024年以降は成長投資枠を使って、年間240万円まで株式投資を行うこともできます。もちろん、成長投資枠の中で、投資信託の積立を行うこともできます。つみたて投資枠で購入できる商品と、成長投資枠で購入できる商品はラインアップが異なる可能性がありますが、金融機関の取り扱いがあれば、つみたて投資枠と同じ商品を、成長投資枠を使って買い増す感覚で購入するという使い方もできます。

●枠の再利用は簿価で計算

非課税保有限度額の1800万円は持っている銘柄を売却すると翌年に再利用できるようになります（P96）。再利用できる枠は「簿価」で計算します。購入した時の評価額が50万円、売却した時の評価額が80万円だった場合、翌年に50万円、枠が増えます。なお、同じ投資信託を積立購入していた場合の「簿価」は、平均でどのくらいの価格で買えていたかで算出します。先に買った口数を先に売却していくという考え方ではありません。2023年までのNISAから新しいNISAに保有銘柄を移管したり、ロールオーバーを行うことができない（P102）ことも覚えておきましょう。

口座の開設と枠の再利用

口座は自動で開設予定

～2023年	2024年～
A証券 つみたてNISA or 一般NISA	自動で開設 新しいNISA 投信も株式も買える

●年間投資可能額

120万円や240万円の年間の枠に加え、1800万円以内の保有が可能。保有額は売却すると翌年、簿価の分だけ空く。

証券会社を変えたい人は
10～12月に手続きをしましょう

リバランスはどうするの？

〜変わりゆく割合を把握することが大切〜

●じわじわ手法がおすすめ

投資信託の積み立てで運用している場合、投資の指針の大きな要素はポートフォリオになるでしょう。

ポートフォリオとは、「投じる金額の50％を国内株式投資信託に充て、残り50％は先進国株式投資信託に充てる」といった、アセットクラス別の資産配分（アセットアロケーション）に沿って金融商品を組み合わせていくことを指します。

最初に定めた割合は50％対50％だったとしても、投資信託は価格変動があるため、気がついたら30％対70％などになっていることもあります。こうした時、70％になってしまった先進国株式を20％分を売却して、その資金で国内株式投資信託を購入するという方法もあります。

しかし、売却時に信託財産留保額を支払わなければならないケースもありますし、売買している間、資金が運用されない期間も発生します。そのため、次回以降に購入する配分を国内70％、先進国30％などとして、徐々に調整していく方が良いでしょう。

●配分が崩れても大丈夫？

当初に定めた配分にこだわりすぎないという考え方もあります。均等に買っていたのに、評価額の割合が上がるということは、その対象が成長しているとも考えられます。配分が崩れていることは認識しながら、あえてそのバランスのままでもよいか、一考するのも良いですね。

こうした配分を再度見直したり調整したりするリバランスを面倒に感じる場合、バランスファンドを検討するのも良いでしょう。近年では手数料も安く選びやすくなっています。

こまめなチェックや頻繁な投資操作は不要ですが、年に一回程度は自分の資産の状況を確認しましょう。

リバランスのイメージ

先進国株式投資信託　1万円

国内株式投資信託　1万円

先進国　国内

価格が変動して
バランスが変わる

国内
先進国

〈以降の買い方〉
先進国株式
投資信託　0.6万円
国内株式
投資信託　1.4万円

国内
先進国

ちょっとずつ
割合を調整

〈以降の買い方〉
変えずに1万円
ずつのまま

国内
先進国

あえて当初
の予定より
先進国に積
極的に投資

割合の変化をしっかりチェック
していれば最初の割合に
こだわりすぎなくてもOKです

リーズナブルに手間もカット

バランスファンドってどんな商品？

●最初に決めた割合を自動調整

前項では、資産配分の変化の内容を確認して、自分で調整していくことの必要性をご紹介しました。

基本的には年に1度くらいは自分がどういった商品に投資をしていて、どのように価格変動しているのか、資産全体のアセットクラスの割合はどうなっているのか、チェックしながら運用を続けていくのがおすすめです。

一方で、変化する資産配分を都度判断しながら割合の調整を行っていくことを煩わしく感じるかもしれません。そうした場合、最初に約束した配分を自動的に保って運用を続けてくれる「バランスファンド」という選択肢もあります。

バランスファンドでは、「国内、先進国、新興国の株式と債券の全6クラスに均等に投資をする」などの運用方針が決められていて、自動的にその割合を維持するように運用を続けてくれます。

●バランスファンドの注意点

自動的に投資してくれる分、それぞれの投資信託を組み合わせて購入するより、バランスファンドにした方が手数料は高い傾向にあります。しかし、近年では手数料が下がっていて、手間を考えると、有力な選択肢になります。もう1つの注意点としては、自分が求めていないアセットクラスにも投資をしてしまう可能性が挙げられます。例えば自分は株式のみで運用をしたいと思っていたとしても、選択する商品に債券が含まれていたら、債券にも投資をすることになります。バランスファンドを選ぶ時には、自分の方針に比較的近い配分になっている商品を選ぶ必要があります。

バランスファンドと特定のアセットクラスの投資信託を組み合わせて運用することもできます。

バランスファンドのイメージ

毎月1万円分バランスファンドを購入

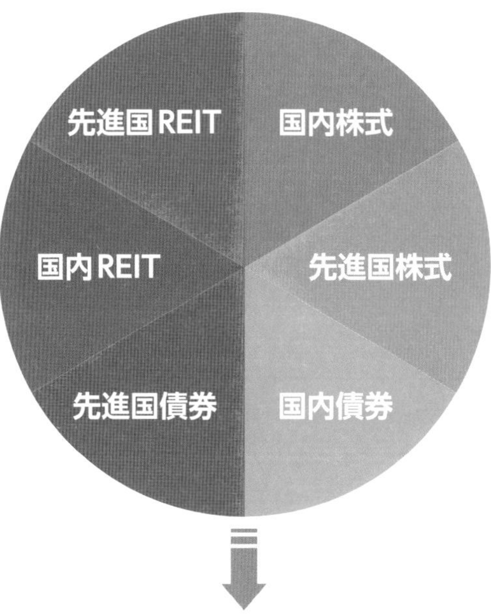

何もしなくても約束したバランスで
資産配分が維持される

- 自分で商品を組み合わせる方が手数料を抑えられる傾向があるが、近年低価格化が進み誤差と呼べるレベルになっている
- 自分好みの資産配分があるかどうかがキモ

手間を考えるとバランスファンドは魅力的。それぞれの資産配分をしっかりチェックしましょう!

COLUMN

お金以外のことを大切にするために資産運用する

逆説的に聞こえるかもしれませんが、資産運用やお金にまつわる工夫は、人生におけるお金以外のことを大切にするための取り組みといえます。病気をしている時に適切に休む、苦しい職場環境の場合に転職をする、家族が困っている時に助けるといったシーンにおいて、ある程度の蓄えがあることで解決のための猶予期間を確保できることや、自分がとれる選択肢の数が増えることは多いです。

金銭面で立ちゆかなくなっている状況では、本来優先したいことの優先度を下げて、お金に困らないよう本意ではない判断をせざるを得ないシーンもあります。

本当はどんな時間を過ごしたいか、どんな選択をとりたいかといったことが先で、お金はそれらをかなえる手段です。手段のために時間やエネルギーを注ぎすぎることは、多くの人にとってはバランスが悪い選択になりそうです。

新しいNISAや投資信託は、最良で最善の選択肢ではない可能性があります。もっと手数料がかからない運用方法や、リサーチを積み重ねてタイミングを見計らって購入していくことで利益をより多く得られる可能性もあります。それでも一般的には新しいNISAのつみたて投資枠が最有力の選択肢になり得るのは、手間をかけずにお金に関する取り組みを継続できる点にあります。

投資や資産運用そのものが楽しいと感じて、レジャーや趣味に近いものになっている人は他の方法を選ぶのも良いかもしれません。そうではない人にとっては、心的や労力のコストを払わない分、結果的にコツコツ積み立てられる投資手法がコストパフォーマンスが高くなると考えられます。

タイプ別運用方法

うーん…

商品一覧

COFFEE

花田さん
どうされました？
ひょこ！
金融機関も
決めたから
いよいよ商品を
選ぼうとしてるん
ですけど…
どれが
いいのかなあ
花田さん
私を見ても
驚かなく
なった

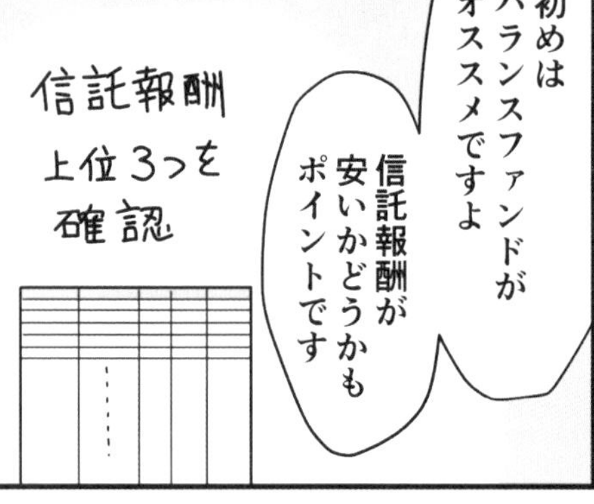
初めは
バランスファンドが
オススメですよ
信託報酬が
安いかどうかも
ポイントです
信託報酬
上位3つを
確認

そういえば
投資はどのくらい
できそう
なんですか？

最初は2万円
だったけど
新山さんに
言われたことを
妻と話し合って
スポーツジム
忙しくて
行けてない…
解約しましょ！
3万円資産運用に
充てることが
できそうです

そうですか
ではその内の
5000円で
投資しましょう
え！
全部投資しなくて
いいんですか

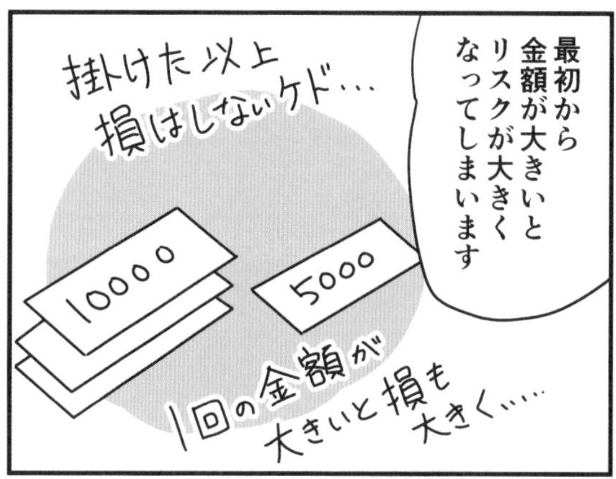
最初から
金額が大きいと
リスクが大きく
なってしまいます
掛けた以上
損はしないケド…
10000
5000
1回の金額が
大きいと損も
大きく…

無理せず
まずは預貯金との
バランスを考えて
投資しましょう
そっかあ～
ちょっと拍子抜け
ですけど少額でも
始められるんですもんね

ちなみに
協議の結果
うちは5万円
預貯金できると
話が決まったんです
そこから
3万円を
投資信託にしようと
してたんですよ
貯金
5万円
投資
3万
預金
2万
だって
年間120万円まで
非課税で掛けられる
わけじゃないですか
まだ足りないくらい
だと思っていました
つみたて投資枠の
非課税は
月10万まで!

確かに
そうなんですけど
非課税だからって
最初からMAXを
目指す必要は
ないですよ
皆さんの
大切なお金です
最初は少しずつ掛けて
しっかり預貯金が
貯まってきて
投資にも慣れてきたら
また検討していきましょう

いらっしゃい
ませ

お?
花田くんと新山さん
NISAの検討は
どう?
うん
順調にいきそう

へえ〜
思い切ったなあ
だって投資だぞ？
ここいい？
どうぞ
俺はリスクを
どうしても
考えちゃうよ

なんだか
ずいぶん詳しく
なってるなあ
ふむ ふむ
花田くん
俺にももっと
教えてよ
いいよ！

ちゃんと理解すれば怖いものじゃないんだから！

ね！新山さん！

その通りです！ぜひNISAを将来の資産形成に役立ててくださいね

SECTION 01

手数料が安く純資産総額が多い商品を

●口座を開設したら手数料でソート

新しいNISAの口座を開設し、商品を選択する画面を表示したら、まずは信託報酬で並び替えをしてみます。はじめての人はバランスファンドに絞り込むと選びやすいでしょう。自分で商品を選択したい人は国内株式や先進国株式などアセットクラス別に絞り込んで信託報酬で並べ替えると良いですね。つみたて投資枠対象を条件に加えると、全体的に手数料が安い商品に絞り込まれます。次に、信託報酬の安い順に上位3つくらいの投資信託を比較して、純資産総額が多い商品をチェックします。

純資産総額の多さはそれだけ多くの人がお金を預けていること、その結果、途中で商品がなくなったりせず、長く運用しやすいことの目安になります。

●投資は金額でリスクを調整する

投資対象の商品選びも重要ですが、投資において最重要なのは「投資する金額」と言えます。同じ商品に投資をしても、いつ売ったか、いつ買ったかで損益は変わります。自分にとって不利な時期に売却しないためにも、自分が慌てない金額を充てることが重要です。

目安としては、これまでお伝えしてきた通り、現在保有している資産や、毎月積み立てている金額の5～10％程度の規模感なら無理がないでしょう。

原則としては生活費の3～6ヶ月分の貯蓄ができるまでは貯蓄に専念、それだけの貯蓄ができたら、貯蓄500万円に達するまでは、投資をするかどうか迷っていいでしょう。貯蓄500万円を超えたら、投資を前向きに検討してみたいところですね。

100円単位やポイントを使った投資といった少額であれば、まず試してみるという姿勢も悪くないでしょう。

証券会社の投資信託検索ページ

信託報酬はこちらのタブでチェック

大きい商品を選ぶ

投資信託 パワーサーチ　　検索　　・詳細な条件で絞り込む

キーワードで検索

注目キーワード

ノーロード

つみたてNISA対象銘柄

ピックアップファンド

高パフォーマンス日本株ファンド

リスク抑えめの積立オススメ銘柄

ファンドを絞り込む

・詳細な条件で絞り込む

保有中

保有中

条件クリア

スターレーティング

★★★★★ (197)
★★★★ (509)
★★★ (705)
★★ (506)
★ (213)

条件クリア

ファンド分類

国内株式 (442)
国際株式 (707)
国内債券 (50)
国際債券 (673)
国内REIT (50)
国際REIT (133)
バランス (473)
コモディティ (18)

チェックをつける

取扱取引

積立 (2532)
NISA (2578)
つみたてNISA (161)

チェックをつける

条件クリア

特色

インデックス (440)
為替ヘッジあり (572)
通貨選択型 (210)

条件クリア

ヘルプ

投信情報について

投資信託注文ルール

検索結果 2,651件　表示件数 20件　CSVダウンロード　＋選択内容を確認

基本情報 | 手数料等費用 | 分配金情報 | 投資指標 | 運用方針

ページ 1 2 3 4 5 6 7 8 9 10 11 12 13 14 15　　1-20件（2651件中）　←前へ　次へ→

ファンド名	分類 地域	基準価額 (前日比)	純資産 (百万円)	スターレーティング	販売金額ランキング	(※1) 買付手数料	比較
ＳＢＩ－ＳＢＩ・バンガード・Ｓ＆Ｐ５００インデックス・ファンド（愛称：ＳＢＩ・バンガード・Ｓ＆Ｐ５００） 積立 NISA つみたてNISA	国際株式 北米	10,648 (-54)	47,488	-	1 →	なし	
ＳＢＩ－ＳＢＩ日本株４．３ブル NISA	ブル・ベア 日本	4,799 (-130)	12,965	-	2 ↑	なし	
大和－ｉＦｒｅｅレバレッジ ＮＡＳＤＡＱ１００ 積立 NISA	ブル・ベア 北米	19,016 (-871)	12,964	-	3 ↑	なし	
三菱ＵＦＪ国際－ｅＭＡＸＩＳ Ｓｌｉｍ米国株式（Ｓ＆Ｐ５００） 積立 NISA つみたてNISA	国際株式 北米	11,582 (-63)	120,764	-	4位 →	なし	
ＳＢＩ－ＳＢＩ 日本株３．８ベア NISA	ブル・ベア 日本	2,136 (+49)	3,839	-	5位 →	なし	
ニッセイ－＜購入・換金手数料なし＞ニッセイ外国株式インデックスファンド 積立 NISA つみたてNISA	国際株式 グローバル	16,653 (-17)	180,271	★★★★	6位 ↓	なし	
三菱ＵＦＪ国際－ｅＭＡＸＩＳ Ｓｌｉｍ先進国株式インデックス 積立 NISA つみたてNISA	国際株式 グローバル	12,584 (-12)	110,594	★★★★	7位 ↓	なし	
ニッセイ－ニッセイ日経２２５インデックスファンド 積立 NISA つみたてNISA	国内株式 日本	26,129 (-229)	149,662	★★★★	8位 ↑	なし	

けたデータを元に表示しております。なお、当社取扱の全銘柄を保証するものではなく、一部銘柄は情報提供対象外となる場合がありますので、予めご了承ください。また、ファンド設定日に関わらず、当該情報は1997年3月31日以降のデータを元に算出、表示しております。

・基準価額や純資産、分配金情報（利回りを除く）は、基準日（または決算日）当日の23時頃に更新されます。同データを表示する他の画面とは更新タイミングが異なる場合がありますので、ご留意ください。

・本画面におけるトータルリターンは、モーニングスター社提供の情報であり、詳しくは、「ヘルプ」＞「投資情報」＞「投信情報について」のトータルリターンをご参照ください。当社が提供している「トータルリターンサービス」において、お客さまごとの「口座管理」＞「トータルリターン」画面で表示される数値とは異なりますのでご注意ください。

・本画面における分配金利回り(「分配金情報」＞「利回り」)は、運用期間が1年を経過したファンドについて、1年前の月末時点の基準価額と年間の分配金累計を元に算出しています。月末時点の基準価額と、その1年前の基準価額を比較し、月末時点の基準価額が下落していた場合は価格減を考慮した上で以下の式により算出した結果、分配金利回りが正の整数となるファンドに関して利回りを表示しております。なお、毎月第一営業日の24時以降に更新しております。

【当該月末時点の基準価額が1年前の基準価額以上の場合（当該月末基準価額≥1年前の基準価額）】

分配金利回り（%）　＝　1年間の分配金累計÷1年前の基準価額×100

【当該月末時点の基準価額が1年前の基準価額未満の場合（当該月末基準価額＜1年前の基準価額）】

分配金利回り（%）　＝　｛1年間の分配金累計＋（現在の基準価額－1年前の基準価額）｝÷1年前の基準価額×100

・本画面における銘柄一覧には、「毎月分配型投資信託」または「通貨選択型投資信託」が含まれております。お取引の前に必ず「毎月分配型投資信託・通貨選択型投資信託に関するご注意事項」の内容をご確認いただきますようお願いいたします。

・お客さまは、当社WEBサイトに表示されている情報をお客さま自身のためにのみご利用するものとし、第三者への提

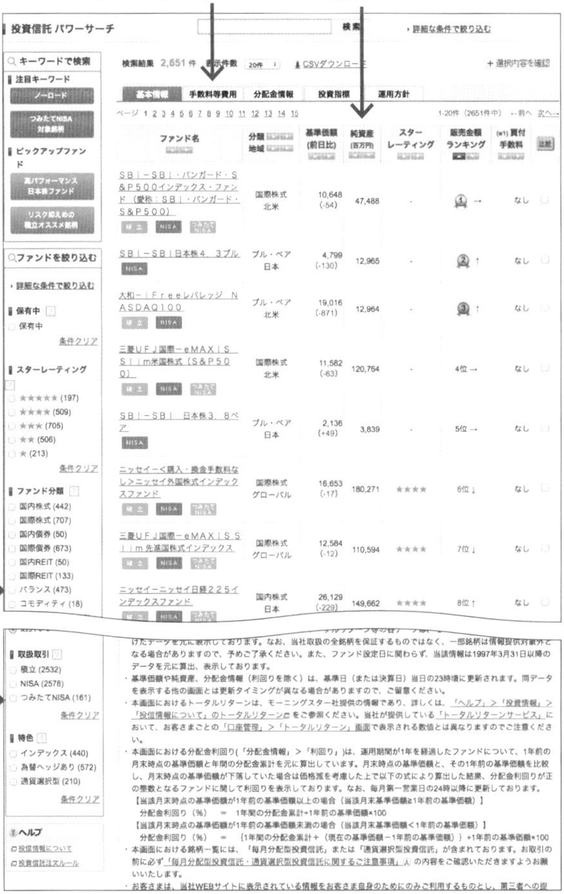

※SBI証券の場合

まずは信託報酬が安く、純資産総額が多いものを選んでみましょう

バランスファンドの代表的な商品

● eMAXIS Slimシリーズ

手数料や純資産総額で絞り込みをかけると、バランスファンドに限らず、三菱UFJ国際のeMAXIS Slimシリーズに遭遇することが多くなります。

以前から低い信託報酬で効果的な分散投資ができるとして個人投資家の間で人気だったeMAXISシリーズですが、つみたてNISA制度のスタートにあわせて、さらに信託報酬を抑えたラインアップとして、eMAXIS Slimシリーズを展開しています。eMAXIS Slimシリーズができてからも、当初よりさらに信託報酬を抑えるなど、進化を続けています。

シリーズにおけるバランスファンドは「eMAXIS Slimバランス（8資産均等型）」という商品を出していて、初めての方の大本命になる商品です。

国内、先進国、新興国それぞれの株式と債券、国内と先進国のREITという合計8種類のアセットクラスに対して、それぞれ均等に12・5%ずつ投資をすることを基本の方針としています。

● ニッセイ、たわらシリーズ

eMAXIS Slimシリーズ同様に、低い信託報酬で運営できる代表的な商品には、アセットマネジメントOneが運用する「たわらノーロード」シリーズ、ニッセイ・アセットマネジメントが運用する投資信託の商品群などもあります。「たわらノーロードバランス（8資産均等型）」は「eMAXIS Slimバランス（8資産均等型）」と同じ資産配分を基本方針にしています。

ニッセイ・アセットマネジメントの商品群は、国内と先進国の株式・債券に均等に投資する「インデックスバランスファンド（4資産均等型）」、配分を少しずつ変えた「ワールドセレクトファンド」シリーズがあります。

バランスファンドの代表的な商品

商品名	信託報酬	純資産総額(百万円)
eMAXIS Slimバランス(8資産均等型)	0.143%以内	219,686
たわらノーロードバランス(8資産均等型)	0.143%以内	51,392
ニッセイインデックスバランスファンド(4資産均等型)	0.154%以内	35,752
ニッセイワールドセレクトファンド		
安定型	0.154%	12,230
債券重視型	0.154%	27,869
標準型	0.154%	66,407
株式重視型	0.154%	40,506

2023年9月23日現在

●代表的な商品のポートフォリオ

eMAXIS Slimバランス
たわらノーロードバランス

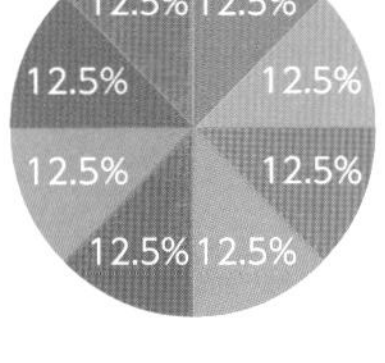

ニッセイワールドセレクトファンド

安定型

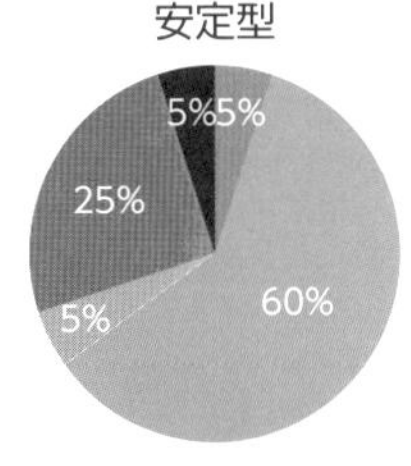

債券重視型

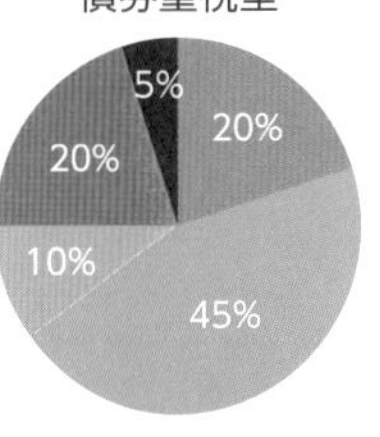

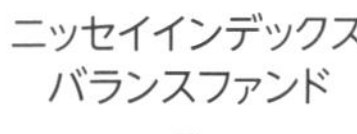

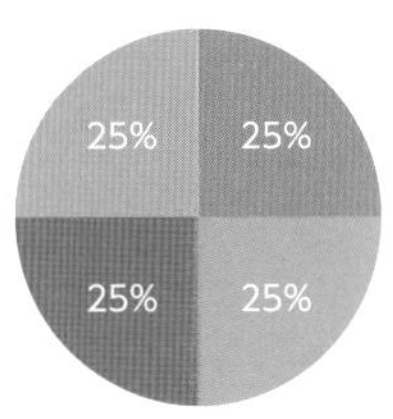

標準型

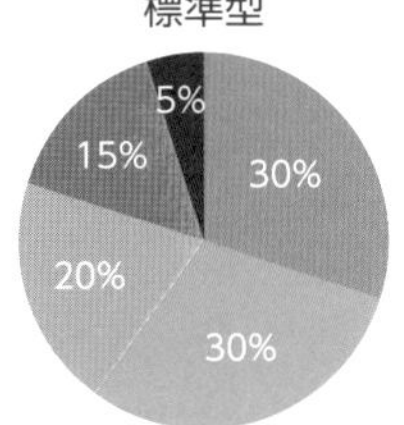

株式重視型

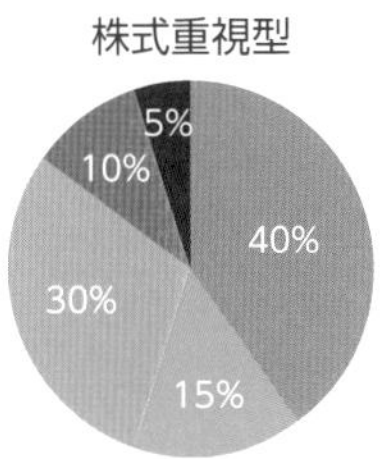

■国内株式 ■先進国株式 ■新興国株式 ■国内債券
■先進国債券 ■新興国債券 ■国内REIT ■先進国REIT ■短期金融資産

国内株式投信の代表的な商品

積極的に選びたい人の第一歩

TOPIXか日経225か

日本の株式市場に期待をして保有する国内株式投資信託。新しいNISA（つみたて投資枠）対象商品の国内株式投資信託を、信託報酬の低さや、純資産総額の多さの観点で絞り込むと、大和投信のiFreeシリーズや、既出のeMAXIS Slimシリーズ、ニッセイインデックスファンドシリーズなどがラインアップします。

口座を開設する金融機関によって、選択できる商品は異なりますが、これらの商品であれば、十分に低い信託報酬で、国内株式に対する分散投資を行うことができます。判断の分岐点となるのは、シリーズの中でも、TOPIXに連動するものと日経225に連動するものの、どちらを選択するかということでしょう。

「TOPIX」は日本の上場銘柄を広く対象とし日本の株式市場の動向を反映する指標、「日経225」は上場銘柄のうち日本経済新聞社が選ぶ代表的な225銘柄を対象とした指数です。

無難なのはTOPIX

対象とする銘柄が多いことから「分散効果」はTOPIXの方が高く、通常はTOPIXを選択する方が無難な判断といえそうです。

TOPIXは「時価総額」で指数を割り出しているため、時価総額が大きい企業（大型株）の値動きの影響を受けやすいと言われています。

日経225は代表的な225銘柄の「株価」の平均値から算出しているため、株価の高い銘柄の影響を受けやすくなっています。

手持ちの資金がある程度あり、株式投資の足がかりとして投資信託を試したいという人は、金額を抑えて日経225連動型の投資信託を選んでも良さそうです。

国内株式投信の代表的な商品

商品名	信託報酬	純資産総額（百万円）
TOPIXに連動する商品		
iFree TOPIX　インデックス	0.154%	11,833
ニッセイTOPIXインデックスファンド	0.143%	67,627
eMAXIS Slim国内株式（TOPIX）	0.143%以内	91,924
日経225に連動する商品		
iFree 日経225　インデックス	0.154%	52,098
ニッセイ日経平均インデックスファンド	0.143%	58,276
eMAXIS Slim国内株式（日経平均）	0.143%以内	38,207

2023年9月23日現在

●指標とする経済指数の意味

TOPIX

東京証券取引所に上場する銘柄を広くカバーした動きを示す。時価総額が大きい銘柄の影響を受けやすい。

日経225

東京証券取引所第一部に上場する銘柄のうち、日本経済新聞社が指定する225銘柄の動きを示す。株価の高い銘柄の影響を受けやすい。

MSCI ACWIをバランスファンド代わりに使う

先進国・全世界株式投信の代表的な商品

●MSCIコクサイ、ACWI、S&P500？

これまでの手順同様に、信託報酬や純資産総額から絞り込むと、新しいNISA（つみたて投資枠）対象商品で先進国に投資ができる商品は、「MSCIコクサイ」「MSCI ACWI」「S&P500」のいずれかの指数に連動している商品から選択することが多くなります。

MSCIはモルガン・スタンレー・キャピタル・インターナショナル社が提供する経済指数で、中でも「MSCIコクサイ」は日本を除く先進国、「MSCI ACWI」は先進国と新興国あわせて世界の総合的な時価総額を示す指数となっています。S&P500はS&Pダウ・ジョーンズ・インデックス・エル・エル・シーが算出する北米の時価総額をベースとする指数です。

●ほったらかしにしたい人はACWI

国内株式については自分の考えで別の国内株式投信（P152）を購入している人は「MSCIコクサイ」に連動する商品を組み合わせて購入すると調整しやすいでしょう。

日本株式投信や、新興国株式投信などを別途買うことなく、世界全体に手間をかけずに投資をするなら「MSCI ACWI」に連動する商品を選択する方がよいでしょう。中でも「eMAXIS Slim全世界株式（オール・カントリー）」は、バランスファンドで紹介した「eMAXIS Slimバランス（8資産均等型）」同様に、始めて投資に挑戦する人にとって、大本命の商品になります。

全世界の株式時価総額の過半数が北米と言われます。そのため、世界経済への影響力が大きいと考えられる北米に対して、他人に任せるのではなく自分の采配で投資を行いたい人は「S&P500」に連動する投資信託を選ぶ選択肢もあります。

先進国・全世界株式投資信託の代表的な商品

商品名	信託報酬	純資産総額（百万円）
MSCI ACWIに連動する商品（全世界株式）		
eMAXIS Slim全世界株式（オール・カントリー）	0.05775%以内	1,448,401
たわらノーロード　全世界株式	0.1133%以内	8,987
MSCIコクサイに連動する商品		
eMAXIS Slim 先進国株式インデックス	0.09889%以内	528,751
ニッセイ 外国株式インデックスファンド	0.09889%	554,303
たわらノーロード先進国株式	0.09889%以内	372,905
S&P500に連動する商品		
SBI・V・S&P500インデックス・ファンド	0.0638%	1,087,344
eMAXIS Slim 米国株式（S&P500）	0.09372%以内	2,578,506

2023年9月23日現在

●指標とする経済指数の意味

MSCI ACWI　先進国と新興国あわせて世界の動向を示す
MSCIコクサイ　日本を除く先進国の動向を示す
S&P500　アメリカの動向を示す

新興国株式投信の代表的な商品

どうしても気になる人だけ検討を

●基本的には組み込まなくてもＯＫ

新興国株式の投資信託は、変動幅が大きく、投資初心者があえて購入する必要性は低いと考えられます。バランスファンド（P150）や全世界株式投資信託（P154）の中に一部含まれていることがあるため、そうした形で間接的に保有するくらいでよさそうです。

自身で国内株式投信や先進国株式投信を組み合わせて購入している場合で、どうしても新興国も組み入れたい時、投資する金額全体の5％程度を上限の目安とすると良いでしょう。投資を積み重ねる中で、興味が出てきたら検討するくらいの温度感で良さそうです。

●やっぱり強いｅＭＡＸＩＳ Ｓｌｉｍ

新興国株式の代表的な経済指数には「ＭＳＣＩ－エマージングマーケット」があります。

「ＭＳＣＩ－エマージングマーケット」に連動する投資信託としては、「ｅＭＡＸＩＳ Ｓｌｉｍ新興国株式インデックス」、「ニッセイ新興国株式インデックスファンド」などの商品があります。同様に手数料や純資産総額などを考慮すると、新興国においてもｅＭＡＸＩＳ Ｓｌｉｍシリーズを選ぶと良さそうです。

バランスファンドや国内株式投信、先進国株式投信は、選択肢も多く、必ずしもｅＭＡＸＩＳ Ｓｌｉｍシリーズではなくても手数料が安く資産総額が十分な商品も多くあります。

新興国株式投信は、手数料が十分に低いとは言えないため、購入するなら、P157のｅＭＡＸＩＳ Ｓｌｉｍなどを選択したいところです。

開設する金融機関によっては購入できない場合もありますが、そうしたケースでは無理に買わなくてもよいかもしれません。

新興国株式投信の代表的な商品

商品名	信託報酬	純資産総額（百万円）
MSCIエマージングマーケット に連動する商品		
eMAXIS Slim 新興国株式インデックス	0.15180％以内	120,826
ニッセイ新興国株式インデックスファンド	0.1859％	3,606

2023年9月23日現在

●指標とする経済指数の意味

MSCIエマージングマーケット　新興国株式の代表的な指数

選択肢が少なく、購入するとしたら上記表中の商品がよいため、口座開設する段階から取扱いがある金融機関を選びたい

eMAXIS Slim 新興国株式インデックスを取り扱っているここで口座を開設しよう

基本的には無理に組み込まなくてOKです！

タネプラン まだまだ貯蓄に専念を

●まずは家計の見直しから

現在、生活費の3〜6ヶ月分の預貯金が貯まっていない状態の人は、まずは家計の見直しからスタートしましょう。まだ無理に投資をする必要はありません。新しいNISA（つみたて投資枠）は、通常、毎月一定額を決めて実施します。そのため、毎月自動的に一定額が出て行く「固定費」の削減ができた金額分を、NISAに充てるという作戦も良いですね。

家庭の3大固定費は住居費、通信費、保険料と言われます。近年は、それに加えて音楽や動画が聴き放題になるサブスクリプションサービスも第4の固定費と言えるでしょう。

ジムや定期購読している新聞・雑誌などもサブスクリプションの一部ですが、もし十分に活用できなくなっていたら、解約を検討しても良いかもしれません。

銀行通帳を半年分熟読してみると、削減できる固定費を発見しやすいです。

●100円やポイントならOK

基本的には固定費を見直した生活をしばらく続け、貯蓄が生活費の3〜6ヶ月分を超える金額に達してから投資を検討するので大丈夫です。どうしても投資を試してみたい場合は、毎月100円や、ポイントを使った投資であれば、試してみても大丈夫でしょう。

月100円からNISAでの投資を実施できる金融機関は、SBI証券、楽天証券、マネックス証券、松井証券などがあります。また、ポイントを投資信託の購入に充てることもできる証券会社も増えています。

月100円や、ポイントを使って、P150で紹介したバランスファンドの商品を買ってみるのが良いでしょう。

タネプラン

**貯蓄が生活費の3〜6ヶ月分貯まるまでは
投資は保留**

貯蓄を作るためにできること

住居費
- 賃貸なら引っ越しや家賃交渉
- 持ち家ならローンの借り換え　など

通信費
- 格安SIMの検討
- 適切なプランや不要なオプション解除　など

保険料
- 保障内容の見直し、整理
- 年払いやクレカ払いで効率化　など

サブスクリプション
- 使いこなせてないものは解約　など

**100円投資やポイント投資で
バランスファンドの購入を
試してみてもよさそうです**

ふたばプラン 新しいNISAで手間なし投資を

●全世界株式投信を一定割合

貯蓄額が100〜500万円の間で、投資や運用にあまり手間をかけたくない人は、全世界株式投信を毎月の貯蓄額の5〜10％程度組み込むことからスタートすると良さそうです。毎月3万円貯蓄をしている人であれば、投資信託に充てる金額は月1500〜3000円程度です。

対象になる商品は先進国や新興国を含む全世界の株式に投資を行うことができる「MSCI ACWI」に連動した商品になります。本書で紹介した商品だと「eMAXIS Slim全世界株式（オール・カントリー）」が該当します。

●株式のみに投資する投資信託

「eMAXIS Slim全世界株式（オール・カントリー）」は株式に投資を行う商品で、通常、債券へは投資しません。

日本の銀行や郵便局に預貯金として預け入れているお金は、日本国債を購入することにも使われていて、間接的に国内の債券投資を行っている状況にあります。

そのため、預貯金に加えて「MSCI ACWI」に連動した商品を購入することで、国内債券、国内株式、先進国株式、新興国株式に投資ができている状態を作ることができます。

外国の債券は、債券であっても為替レートの影響を受けるため、国内の債券ほど保全機能が高い金融商品とは言えません。それであれば債券ではなく、積極的にリスクをとって為替を上回る利益を目指すために、金融商品は株式に割り当てようという考え方です。

預貯金と、株式投資信託の割合で、例えば、投資信託の比率が高くなりすぎないように気をつけるなどすることで、手綱を握ることができます。

ふたばプラン

毎月の貯蓄額3万円

5～10%を目安に…

28,500円～27,000円は今まで通り預貯金へ
1,500～3,000円は 全世界株式投資信託 を購入

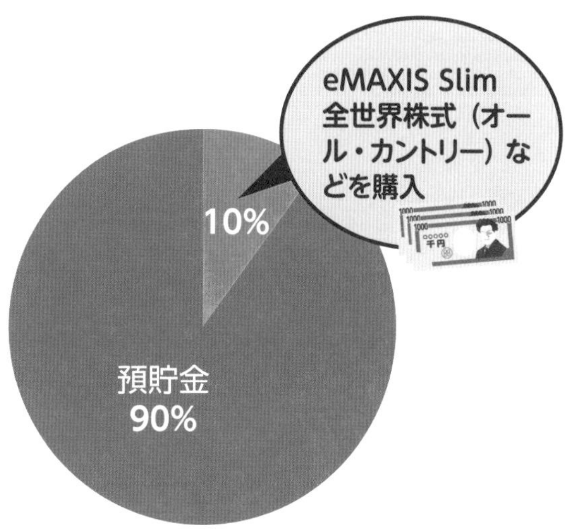

**最初の取り組みとして
全世界に投資する投資信託を
一部組み込むのがよさそうです**

お金に対する取り組みがしっかりできているアナタは…

開花プラン 新しいNISAで自分ブレンド投資を

「たねプラン」や「ふたばプラン」でご紹介した、バランスファンドを購入する方法や、全世界株式投資信託を購入する方法なども充分有効な選択肢です。

自分ブレンドで投資を行うことの良さは、自分が可能性を強く感じるアセットクラスに対して少し多めに投資を行えること、運用を続けていって一部売却したくなった時に特定のアセットクラスだけを部分的に売却できることなどが挙げられます。

一方で、変化する資産の配分を適宜リバランスするなどの手間は必要になります。運用に興味を持ち続けられる自信がある人は検討すると良いですね。

バランスファンド、全世界株式投資信託などをメインで持ちつつ、アセットクラス別の投資信託も保有して、将来の売却の自由度を作っておくという合わせ技を検討するのも良さそうです。資産全体での配分を気にかけるようにしましょう。

●自分で国内、海外の割合を調整も

毎月コンスタントに貯蓄ができていて投資や運用に自分なりのこだわりを発揮させたいと考えている人は、投資信託の国内外の割合を自分で調整してみるのも良いでしょう。

国内株式投資信託（P152）3：先進国株式投資信託（P154）2など、自分の考えるバランスを資産の配分に反映させます。

仮に右記の3：2で投資を行う場合で、毎月の貯蓄が10万円、そのうち1万円を投資に充てる場合で考えてみます。この場合、月6000円分の国内株式投信、月4000円の先進国株式投資信託を積み立てで購入していくことになります。

●自分好みの割合を探すことが重要

開花プラン

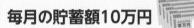

毎月の貯蓄額10万円

10%を目安に…

9万円は今まで通り預貯金へ
1万円を投資信託に

国内株式投資信託	先進国株式投資信託
6000円分	4000円分

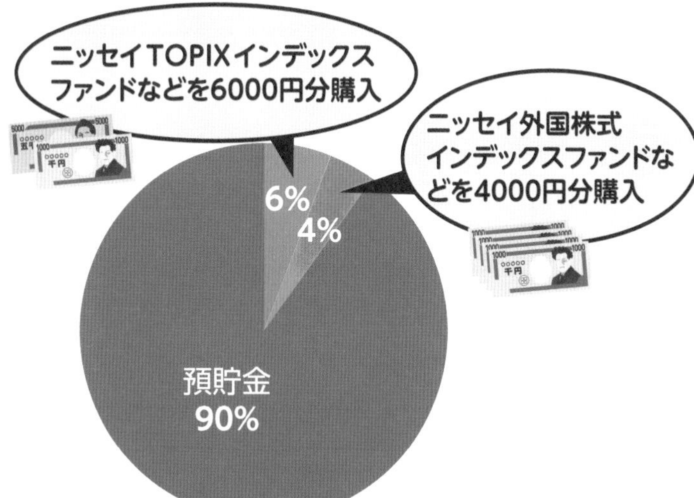

コンスタントにまとまった貯蓄が できている人は自分で配分を 考えることも検討してみましょう

両極にある2つのケースで検討するプラン

満開 or ふたばダッシュプラン iDeCo優先で運用してみる

●貯蓄500万円以上の人の満開プラン

基本的には新しいNISAのつみたて投資枠が誰でも始めやすくお金もすぐに引き出せるためおすすめです。しかし、500万円など既にまとまった貯蓄がある人や所得税率が高く節税に関心がある人、投資がどうしても苦手で有利に定期預金をしたい人などはiDeCoの併用やiDeCoを使い切ってから新しいNISAも試してみるという判断をしてみると良いかもしれません。

既にまとまった貯蓄がある人の場合、原則60歳まで引き出しができないというiDeCoの特徴がデメリットになる可能性が低くなります。有事の際は手元にある貯蓄で対応することができるからです。

加えて運用をしながら所得控除を受け、現役時代の節税につながります。このケースの人はタネ、ふたば、開花プランを参考に、手数料が安く純資産総額の大きいインデックスタイプの投資信託での運用を検討されると良いでしょう。基本的な考え方は新しいNISAのつみたて投資枠と同様です。

●投資が苦手な人のふたばダッシュプラン

iDeCoは投資信託だけではなく、定期預金などの元本確保型商品も選択できます。

まだ貯蓄が500万円に達していない人であっても、40代後半など、老後資金準備の必要性が高まっている年代で、どうしても投資が怖いという方は強制貯蓄のつもりでiDeCoを活用するのも有効でしょう。

iDeCoはNISAと違い、口座の開設や維持に手数料がかかるため、できれば拠出上限額を目指せると理想的です。そのため、iDeCoを検討する人はまずはiDeCoを使い切り、余裕ができたらNISAの併用も検討しましょう。

満開 or ふたばダッシュプラン

満開プラン　**500万円以上貯蓄がある人**

iDeCo

タネ〜開花で出てきたバランスファンドや全世界株式投資などを購入

- できれば上限額一杯
- 現役時代の節税に

ふたばダッシュプラン　**500万円以上貯蓄がない人**

iDeCo

定期預金

- 現役時代の節税
- 40代後半以降は老後資金準備が急務

新しいNISAだけでの運用でもOK。節税をしたい人や投資が怖い人はiDeCoの検討を！

お金超上級者のアナタは…

絶景プラン iDeCoに加えて再び新しいNISAの増額を

● iDeCoを使い切ったら再びNISA

貯蓄が500万円以上あり、iDeCoも拠出上限額まで運用していて、まだ余裕があるという人は新しいNISAへの追加投資の併用も再び考えていきましょう。

足下にすぐに動かせる500万円程度の預貯金があるわけなので、以降の貯蓄をつみたて投資枠での積み立てに充てることを検討しても良いでしょう。

手元資金にゆとりがあることで、運用資産を資産全体の20〜30%程度まで引き上げることもしやすくなってきます。

運用資産の割合を高めていく際には、今後の大きくお金が動くタイミングのチェックもしていきたいところです。転職、学び直しのための学費や生活費、住宅購入、子どもの学費などの予定をリストアップして、近いタイミングで使いそうな予算まで投資・運用に充てていないかは定期的にチェックするようにしましょう（P34）。

● 新しいNISAだけでも大丈夫

新しいNISAが柔軟になったことで、多くの人にとって無理にiDeCoを使わずNISAに集中してもまとまった資産が準備できる体制が整いました。そのため、iDeCoを行わず、新しいNISAだけで運用を進めていくことも充分に選択肢になります。

一方で現役時代は節税につながり、単純に税制優遇を受けながら運用できる枠が広がるという点ではiDeCoの併用も検討の余地がありそうです。

特に絶景プランに該当する人は、今の調子で資産形成を続けていると、大きく見える新しいNISAの1800万円の枠も将来的に使い切るかもしれません。iDeCoの受け取り時の課税（P106）には注意しながら検討しましょう。

絶景プランまでの流れ

貯蓄額の目安

タネプラン

投資より貯蓄
新しいNISA で
少額バランスファンドも

100万円

ふたばプラン

新しいNISA で
全世界株式投資

ふたばダッシュプラン

iDeCo で
定期預金

500万円

開花プラン

新しいNISA で
自分ブレンド

満開プラン

iDeCo で
投資信託

絶景プラン

iDeCo もやりつつ
新しいNISA も増額

新しいNISAの1,800万円も
続けていると使い切るかも？

年1回、新しいNISA以外の口座も棚卸しを

全体を見ると印象が変わることも

●配分が崩れていたら今後の購入で調整

運用をスタートしたら、年末など年に1回意識的に機会を作り、新しいNISA口座だけではなく、普通預金口座、iDeCo口座、会社の退職金ルール、保険による貯蓄など、資産全体を棚卸しする方がお勧めです。

全体を棚卸しすることで、意外と特定のアセットクラスに偏りがある資産の状況になっていることに気づけるケースもあります。

例えば、NISA口座だけを見ていたら適度に分散投資ができていると思っていたけれど、預貯金などを加えると、意外と国内債券のアセットクラスの比率が高すぎたかもしれない、といったことに気づくケースもあります。また、運用を続けていると評価額の変動で思っていた配分から乖離していくことも多いです。

配分が思っている内容と違ったら、今後の購入で調整していきましょう。

想定より割合が増えているアセットクラスを売却して、その資金で追加したいアセットクラスを購入するのはわかりやすいですが、売却時にかかる手数料や、運用期間の空白などのロスが生まれます（P138）。

中長期で整えていくような感覚で、追加で購入する割合で調整していくと良いでしょう。

●できているものをちゃんと数える

年1回の棚卸しには、既にできている対策を再認識し、お金に関する不安を軽減する効果もあります。

資産や家計を管理していると、足りないところを数えがちになりますが、既にある備えを確認し、安心することも大切です。始める時や契約時にはよく考えていたのに忘れてしまっている備えも意外とあります。心置きなく使っても問題ない予算も明確になります。

NISA口座以外も棚卸しする

新しいNISA

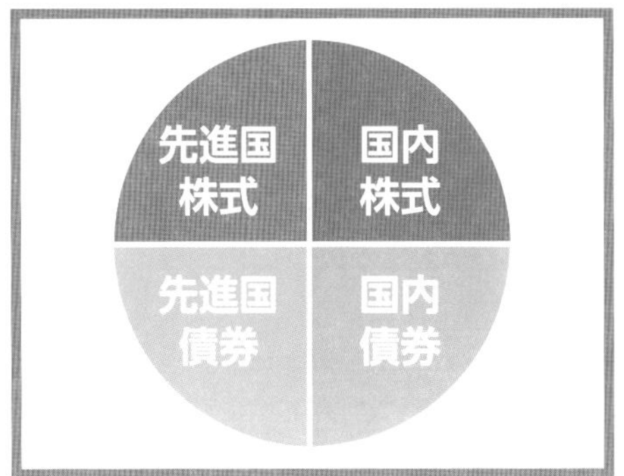

NISA口座だけ見ると……

うん、いい配分で
運用できてる

他の口座も整理してみると……

普通預金	300万円
NISA	30万円
iDeCo	30万円
貯蓄型保険	10万円
……	……

先進国債券
先進国株式
国内株式
国内
債券

資産全体の配分が好ましい
状況かチェックする

準備できているものが
把握できたら、使えるお金も
明確になります

投資・運用はもっと自由に

●複数の方法を柔軟に組み合わせて

本書では「新しいNISAで手数料が安く純資産総額が多い、つみたて投資枠対象のインデックス投資信託を積立投資していくこと」を王道としてお勧めしてきました。商品のラインアップもP158～163で概ね出そろっていて、運用にさほど多くのバリエーションがあるわけではありません。

一方で、投資や運用には、成長を期待している先に自分のお金を出資したり貸し出したりして活動を応援することや、自分の目利きでより成績の上昇を目指せるかもしれないという楽しさもあると思います。

運用の方法の1つに「コア・サテライト戦略」と呼ばれるものがあります。運用資産をコア（中核）とサテライト（衛星）にわけ、コアでは中心に据えたい王道の投資手法などを、サテライトでは自分の考えで積極的な運用を行うなどの組み合わせで取り組む方法です。

●成長投資枠でサテライトも

繰り返しお伝えしてきているとおり、投資のリスクは金額でコントロールすることができます。激しい運用であっても、通常の取引で少額だけ行う場合、投資した金額内に変動の幅を抑えることはできます。

コアに据える方法としては、やはり新しいNISAのつみたて投資枠対象商品の積立投資がお勧めですが、慣れてきたら金額を抑えて気になる商品に挑戦してみるのも良いでしょう。

幸いなことに、新しいNISAは成長投資枠の併用もできます。つみたて投資枠同様に積立投資に使っても良いですし、株式の個別銘柄への投資なども有利に行うことができます。手元資金に余裕がある時は、金額を抑えて組み合わせてみても良いですね。

コア・サテライト戦略

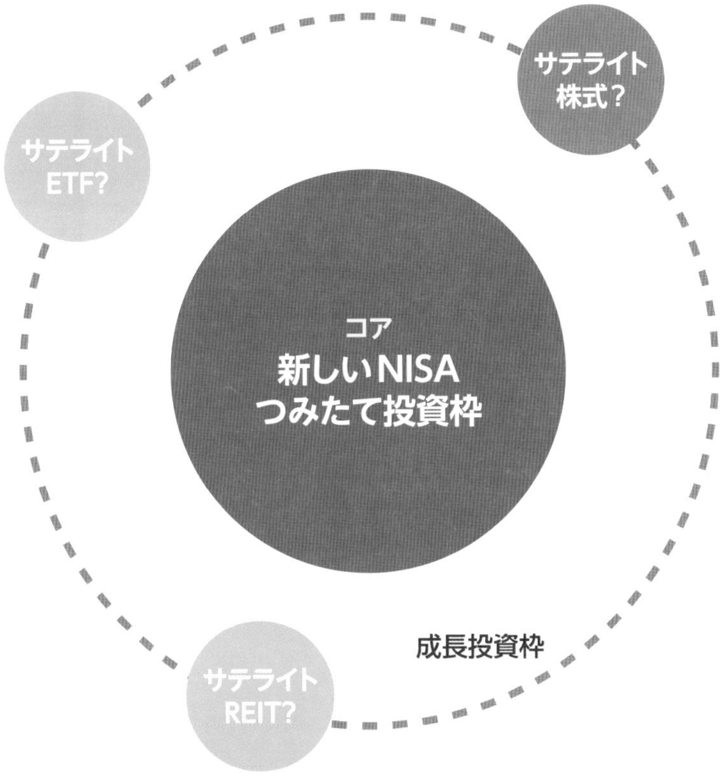

サテライト
株式？

サテライト
ETF?

コア
新しいNISA
つみたて投資枠

成長投資枠

サテライト
REIT?

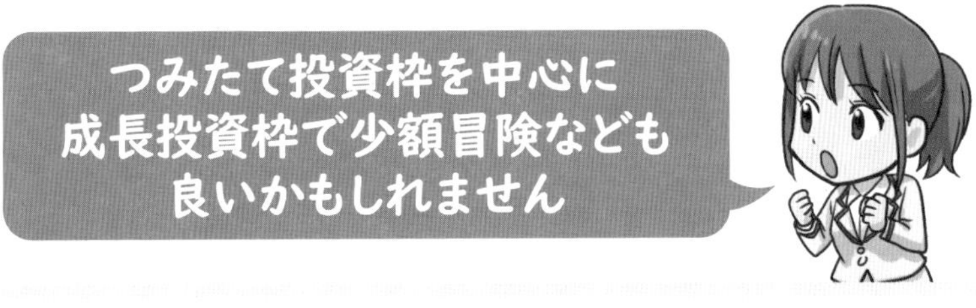

つみたて投資枠を中心に
成長投資枠で少額冒険なども
良いかもしれません

MSCIコクサイ ⬇P63、154

ＭＳＣＩはモルガン・スタンレー・キャピタル・インターナショナルが算出する指数の総称。ＭＳＣＩのうち、ＭＳＣＩコクサイは日本を除く先進国の動向を示す指数。

MSCI ACWI ⬇P62、63、154、160

ＭＳＣＩのうち、日本を含む先進国と新興国をあわせて世界の動向を示す指数。下記のＭＳＣＩワールドとＭＳＣＩエマージングを合計したもの。

MSCIワールド ⬇P62、63関連

ＭＳＣＩのうち、日本を含む先進国の動向を示す指数。

MSCIエマージング ⬇P156、157

ＭＳＣＩのうち、新興国の動向を示す指数。

S&P500 ⬇P62、63、154、155

Ｓ＆Ｐダウ・ジョーンズ・インデックスにより算出される指数。ニューヨーク証券取引所、ＮＡＳＤＡＱなどに上場している代表的な５００銘柄の株価を時価総額で加重平均し指数化したもの。時価総額を加重平均しているという意味ではＴＯＰＩＸに計算方法が似ているが、代表的な５００社で算出している点が異なる。アメリカの景況感を測るために参考にされることが多い。

TOPIX ⬇P62、63、163

東証に上場する企業の全体的な動きを示す指標。「東証株価指数」とも呼ばれる。１９６８年１月４日の時価総額を１００とし、現在の時価総額を指数化したもので、算出する際、時価総額を加味した加重平均で計算している。そのため、時価総額の大きな銘柄の影響を受ける傾向にある。

厚生年金 ⬇P26、27、30、31、109

公的年金の2階建て部分にあたるのが厚生年金。公務員や会社員などが加入する。厚生年金からは、障害厚生年金、遺族厚生年金、老齢厚生年金などが支払われる。支払う保険料や受給年金額は収入によって異なる。保険料については主に4～6月分の給与を元に32段階に分類されて金額が決まる。受給する年金額は、「定額部分」と「報酬比例部分」に分けられて計算される。

公的年金等控除 ⬇P104、105

国民年金や厚生年金から年金を受給する時や、iDeCoから分割で給付を受ける場合の税金を計算する際に利用できる控除。年齢と受け取る金額によって控除額は異なるが、例えば合計所得が1000万円以下で65歳未満の場合は年間60万円まで、65歳以上の場合は年間110万円までは控除され課税される所得がゼロになる。公的年金等控除を上回る給付額は雑所得として総合課税される。総合課税とは、各種所得を合計して所得税額を計算する方法で、その他の所得を合計した所得金額が大きい場合、税率も高くなる。

なお、次頁の退職所得控除後の退職所得は分離課税となっていて、他の所得の多さに関係なく、独立して課税対象の退職所得の金額に応じて累進課税される税率をかけて計算する。

高レバレッジ ⬇P93

投じた金額以上の投資をしたことになるレバレッジ（てこ）を利かせた投資信託のことを指す。例えば日経平均やTOPIXに連動するものの、実際の値動きの2倍などの値動きとなるような運用がされる商品などがある。連動する指数が上がることを期待して投資するレバレッジ（ブル）型と、下がることを期待して投資するインバース（ベア）型などがある。なお、ブルは牛が角を突き上げる様から上昇を、ベアは爪を振り落とす様から下落を示している。

国民年金 ⬇P26、27、30、31、109

日本の公的年金は2階建てで構成されており、国民年金は1階部分にあたる。自営業者が第1号被保険者として、会社員の配偶者などが第3号被保険者として加入する。国民年金からは、障害基礎年金、遺族基礎年金、老齢基礎年金などが支給される。令和5年度の国民年金保険料は1万6千520円／月の支払い、受給する老齢基礎年金は満額で6万6千250円／月。

指値

⬇P68、70、71

株式などの取引においては、売りたい人の売りたい価格と、買いたい人の買いたい価格、そのそれぞれの口数などが合致する時に売買が成立する。いくらでもよいからとにかく買いたい（売りたい）場合は「成行」という注文方式で購入（売却）希望することもできるが、この場合、思いがけない高額（低額）での購入（売却）に至る可能性もある。どうしても買いたいというわけではなく、「○円だったら買って（売って）もいい」という目安がある場合は、その金額を指定して購入（売却）希望の注文をかけることができ、このことを「指値注文」という。また、自分が指定する売買の条件の金額を「指値」と呼ぶ。

損益通算

⬇P100、101関連

同じ所得の種類の中で利益と損失を合算して計算することを内部通算というが、異なる所得の損益を合算することは損益通算と呼ぶ。例えばその年に受け取った配当金などの「配当所得」があったとしても、株式の譲渡などによる「譲渡所得」では損失が出ている場合などは、合算して税金を計算することができる例などが該当する。なお、株式の売却による損失などは、給与所得、事業所得、不動産所得などとは合算ができないため、株式などの取引においては、株式の譲渡所得と配当金の配当所得の合算などが主な例となる。

退職所得控除

⬇P106、107

企業から給付される退職金を受け取る時や、ｉＤｅＣｏから一括で給付を受ける場合の税金を計算する際に利用できる控除。勤続年数や、ｉＤｅＣｏに加入している年数に応じて控除される金額が積み上がっていく。20年間までは年40万円が、以降は年70万円が控除額として増えていく。例えば勤続30年の場合、当初の20年分については年40万円のため８００万円（40万円×20年）が、残りの10年については年70万円のため７００万円（70万円×10年）が積み上がり、合計１５００万円までは非課税で退職金を受け取ることができる。なお、勤続30年の退職金が２０００万円であった場合、退職所得控除１５００万円を差し引いた５００万円の半分の金額である２５０万円が、退職所得としての課税所得となる。

なお、勤務先から退職金を受け取る場合は過去4年間、ｉＤｅＣｏから受け取る場合は過去19年間の一時金を含めて計算する。そのため、調整ができる場合はiDeCoからの給付を受け取ったのち、5年より経過してから企業の退職金を受け取る方が、一般的には効率的と考えられる。

内部通算 ⬇P100、101

所得には株式の売買などによる「譲渡所得」、株式の配当金や株式投資信託の分配金などの「配当所得」など、10種類の所得が存在する。同じ所得のなかで利益と損失を合算（通算）して税金の計算をすることを「内部通算」と呼ぶ。例えばA社の株を売って利益が出たものの、B社の株を売って損失が出た場合、その2つの利益と損失を合算して、それでも残る利益に対して課税がなされるシーンなどが該当する。

日経平均 ⬇P42、43、153

東証プライム市場に上場する企業（約2000社）のうち、日本経済新聞社が選定する主要な225社の平均株価のことを指す。「日経平均」のほかに、「日経225」などと呼ばれることもある。株価のシンプルな平均から割り出すため、株価が高い銘柄の影響を受けやすい特徴がある。

分別管理 ⬇P64、65

投資信託などは、分別管理することが法律で義務づけられている。分別管理とは金融機関の資産と、顧客から預かっている資産を分けて管理をすることを差し、このことで仮に金融機関が破綻したとしても、顧客から預かっている資産は守られる仕組みになっている。分別管理にはペイオフのような上限はないため、より高額な資産を守ることができる可能性を含む。ただし、破綻の際、投資信託が基準価額で解約され現金として戻される場合もある。その際の基準価額がその時の景気などによって、取得単価より低いことも考えられるため、元本保証とはいえない。

ペイオフ ⬇P64

銀行などの金融機関は、「預金保険機構」に保険料を支払い、保険に加入している。普通預金や定期預金などはこの預金保険（預金保護）の対象となっており、仮に資金を預け入れた金融機関が破綻したとしても、元本1000万円までとその利息については預金保険機構から保険金として支払われ、保護される仕組みになっている。この仕組みをペイオフという。外貨預金や投資信託などは、ペイオフの対象外。

著者
風呂内 亜矢（ふろうち あや）
1級ファイナンシャル・プランニング技能士、CFP®認定者、日本FP協会評議員。
独身時代、貯蓄を80万円しか持たずマンション購入したことをきっかけに家計改善に取り組み、投資をスタートする。現在は、株式、投資信託の積立、不動産の賃貸経営など複数の投資を行うとともに、「日曜討論」（NHK）、「メレンゲの気持ち」（日本テレビ）などのテレビ番組や書籍などで、お金に関する情報を発信している。
日常生活の記録に、お金の情報を織り交ぜて伝えるYouTubeチャンネル「FUROUCHI vlog」も更新中。https://www.youtube.com/c/FUROUCHIvlog/

マンガ●田中へこ
イラスト●石井朋美
DTPデザイン●宮下晴樹（ケイズプロダクション）
編集協力●山田稔（ケイズプロダクション）
編集担当●神山紗帆里（ナツメ出版企画株式会社）

コツコツ続けてしっかり増やす！ **誰でもできるNISAの教科書**

2023年12月6日　初版発行

著　者　**風呂内 亜矢**　©Furouchi Aya, 2023
発行者　**田村正隆**

発行所　**株式会社ナツメ社**
東京都千代田区神田神保町1-52 ナツメ社ビル1F（〒101-0051）
電話　03(3291)1257（代表）　FAX　03(3291)5761
振替　00130-1-58661
制　作　**ナツメ出版企画株式会社**
東京都千代田区神田神保町1-52 ナツメ社ビル3F（〒101-0051）
電話　03(3295)3921（代表）
印刷所　**ラン印刷社**

ISBN978-4-8163-7458-6　Printed in Japan

〈定価はカバーに表示してあります〉〈落丁・乱丁本はお取り替えします〉